Der Gestank des Todes
und der Duft der
Auferstehung

Michael Bünker · Peter Karner

Der Gestank des Todes und der Duft der Auferstehung

10 Visionen zur Osternacht

Erika Junkers Töchterlein
herzlich gewidmet
Dein
Peter Karner

:STYRIA

Umschlagbild: Karl Hodina, Der liebe Augustin.
Abdruck mit freundlicher Genehmigung.

www.styriaverlag.at

Umschlaggestaltung: Bruno Wegscheider
Produktion und Gestaltung: Alfred Hoffmann
Reproduktion: Pixelstorm, Wien
Druck und Bindung:
CPI Moravia Books, Pohorelice

ISBN 978-3-222-13268-1

Inhalt

„Die Geschichte der Kirche
ist eine Kette von Auferweckungen
aus dem Tode."

Johannes Calvin

Vorwort

„Lacht der finstern Erdenkluft,
lacht des Todes und der Höllen,
denn ihr sollt euch durch die Luft
eurem Heiland zugesellen."

Berlin 1653,
„Jesus meine Zuversicht",
8. Strophe

Die Osternachtgottesdienste der reformierten Stadtkirche in Wien knüpfen bewusst an der Tradition des Osterlachens, des *risus paschalis,* an. Sie stellen sich damit in jene Tradition, in der das Lachen der finstern Erdenkluft, des Todes und der Höllen gepflegt wurde. Erste Erwähnungen dieses Brauches finden sich aus dem Jahr 852 von Bischof Hinkmar von Reims, und letzte Erwähnungen aus dem Jahr 1911 aus der Steiermark. Der Brauch bestand darin, dass am Ostermorgen der Priester oder Prediger die Aufgabe hatte, die Anwesenden zum Lachen zu bringen. Gerechtfertigt wurde das mit dem Psalmwort: „Dies ist der Tag, den der Herr macht, lasset uns freuen und fröhlich an ihm sein!" (Psalm 118,24).

Der Brauch lässt sich einerseits auf vorchristliche Wurzeln zurückführen. In der römischen Antike gab es einen Augenblicksgott namens Redikulus, der das Lachen selbst als heiligster gnädigster Gott verkörperte. Gott ist das Lachen, das genauso unwillkürliche wie willkürliche Lebensbewegungen ausdrückt. Der mexikanische Schriftsteller Octavio Paz schreibt in seinem Essay über *Die Rückseite des Lachens,* dass das Lachen älter ist als die Götter. Es hätte schon bei der Entstehung der Welt seine Rolle gespielt, dort, wo die Schöpfung in Tanz und Spiel unter

Gelächter geschieht. Auch El, der Gott aus Ugarit, lacht in dem Augenblick, wo sich im Kultdrama die Wendung vom Tod zum Wiederaufleben des Baal ankündigt. Lachen hat seinen Ort an den Übergangszonen der Wirklichkeiten von Tod und Leben. Dort, wo der Widerspruch des Lebens am deutlichsten wird, entsteht das Lachen, eben auch das Osterlachen.

In Genesis 17,2 lacht Abraham. Als Gott zu Abraham sagte, dass er nicht nur von Hagar, sondern auch von Sara einen Sohn empfangen sollte, heißt es: „Da warf sich Abraham auf sein Angesicht und lachte und sprach bei sich selbst: Einem 100-Jährigen sollte noch ein Sohn geboren werden? Und Sara sollte mit 90 Jahren noch gebären?“ (Genesis 17,17).

Die Kommentatoren sind meistens der Meinung, das Lachen wäre ein Zeichen des Unglaubens gegenüber der Verheißung Gottes. Nur in einem alten Kommentar von Franz Delitzsch heißt es: „Die Zusage, die Abraham in anbetender Bereitschaft empfing, war so gewaltig paradox, dass er unwillkürlich lachen musste.“ Diese Deutung schlägt die Brücke hin zum Osterlachen, denn auch die Tatsache der Auferweckung eines Toten erscheint derart paradox, dass sie eben auch Lachen auslösen kann. So findet das Osterlachen auch eine positive Würdigung bei Joseph Ratzinger: „Das [Osterlachen] mag eine etwas oberflächliche und vordergründige Form christlicher Freude sein. Aber ist es nicht eigentlich doch etwas sehr Schönes und Angemessenes, dass Lachen zum liturgischen Symbol geworden war?“

Die Menschen im Reich Gottes haben Humor, weil Lachen die Antwort des Menschen auf die Heilstat Gottes ist. Die Glaubenden wissen, sie können und müssen sich nicht an dem eigenen Schopf aus dem Sumpf ziehen, deshalb hat die Erlösung eine so befreiende Wirkung und das spiegelt sich in der befreienden Kraft des Humors. Es ist das Lachen der Erlösten, das die Bibel kennt. Als der verlorene Sohn nach Hause zurückkehrte, da „fingen sie an, fröhlich zu sein“ (Lukas 15, 24). Man kann es kurz gefasst sagen: Wer Gott erlebt hat, der kann gut lachen.

Und das Komische ist ein Signal der Transzendenz, des Heiligen, das die ebenso grimmige wie weinerliche Geschichte christlicher Theologie erst lernen muss (Peter L. Berger). Diesen Zusammenhang von Humor und Erlösung hat auch Karl Barth aufgenommen, in dem er den Humor als heilsame Selbstdistanz, als „Gegenteil von aller Selbstbestaunung und Selbstbelobigung" bezeichnet hat (KD III/4, 765).
Und diesen Zusammenhang haben die beliebten Wiener Osternachtsprediger (1997–2006) Michael Bünker und Peter Karner besonders pointiert, in dem sie die Gottesdienstform durch den faszinierenden Stil der Walpurgisnacht und des Totentanzes ersetzt haben.

Vorspiel in der Pestgruam

Der liebe Augustin

Einer, der in die Grube gefallen ist und wieder herausgezogen wurde, ist eine Symbolfigur für die Wiener geworden: „der liebe Augustin". „Der liebe" ist der Ehrentitel, wie wenn der Wiener „der liebe Gott" sagt.

Marx (= Markus) Augustin wurde 1643 in Wien geboren. Seine Eltern waren Wirtsleute und machten bald Bankrott. So lebte Augustin in der größten Armut und hatte doch die beste Laune der Welt. Eine bürgerliche Beschäftigung hat er vorsichtig vermieden. Als wandernder Musikant spielte er Dudelsack in vielen Wiener Wirtshäusern – besonders gern aber im „Roten Dachl" am Fleischmarkt. Am 10. September 1679 ist es dann passiert. Die Pest war auf ihrem Höhepunkt, und Augustin saß traurig und niedergeschlagen allein im „Roten Dachl". Wer noch lebte, hatte Angst und verkroch sich zu Haus. Wiener Gespräche anno Domini 1679: „Der is g'storbn; der stirbt grad; der wird bald sterben!"

Augustin versuchte seinen Ärger zu ersäufen und sang sein neuestes Lied:

„O, du lieber Augustin,
's Geld ist hin, 's Mensch ist hin!
O, du lieber Augustin,
alles ist hin.

Wär' schon des Lebens quitt,
hätt' ich net noch Credit,
aber so folgt Schritt für Schritt
mir der Credit.

Na, und selbst's reiche Wien,
arm ist's wie Augustin,
seufzt mit ihm im gleichen Sinn:
Alles ist hin.

Jeden Tag war sonst ein Fest,
jetzt aber hab'n wir die Pest!

Nur ein großes Leichennest,
das ist der Rest.

O, du lieber Augustin,
leg nur ins Grab dich hin,
o, du mein herzliebes Wien,
alles ist hin!“

Ja, und dann ein Seitel Kornbranntwein zum Drüberstran. Dann wankt er in die Nacht hinaus … verirrt sich und geht statt zum Stubentor in Richtung Burgtor.
Und auf einmal: Sein Fuß hat keinen Boden mehr, er fällt ein großes Stück hinunter; fällt aber gar nicht hart auf; um ihn ein wunderlicher Duft; und ziemlich weich gebettet, schläft er ein; er merkt gar nicht, dass nach kürzerer Zeit mehrere Körper nachstürzen; er war in eine Pestgrube gefallen.
Bis vor einigen Jahren hat es in der Neustiftgasse zur Erinnerung ein Lokal mit einem tiefen Keller gegeben, das „d'Pestgruam“ hieß. Das Augustin-Denkmal steht heute noch auf dem Strohplatzl Ecke Neustiftgasse/Kellermanngasse.
Als er am Morgen aufwacht, ist er entsetzt. Dann schreit er so lang, bis ihn die Pestknechte, die einen neuen Transport bringen, hören und herausziehen.
Übrigens: Augustin ist von der Pest verschont geblieben: Aber berühmt ist er geworden, bis heute.
Ein Nachfahre des lieben Augustin, der Maler und Musikant Karl Hodina, hat den „Lieben Augustin“ im Stil des Phantastischen Realismus gemalt und das Lied vom „Herrgott aus Sta“ geschrieben. Hodina original: „Augustin, das ist ein Auferstandener; einer, der dem Tod entwischt ist. Ich glaube, wir entwischen alle dem Tod. Wir entkommen ihm! Der Tod ist eine Station, wo wir uns regenerieren können, wie der Augustin in der Pestgruam. Der Wiener hat Angst vor dem Sterben, aber nicht vor dem Tod.“ Und darum ist die Einstellung des Wieners zum Tod weltberühmt geworden: seine Gelassenheit, sein Osterlachen, sein nekrophiler Humor aus lauter Glauben.

Ein einbeiniger Besucher auf dem Zentralfriedhof: „Wissen S', i komm da allaweu her, weil da wern die Reste von der Chirurgie begrab'n. I steh sozusagen mit an Fuaß im Grab". So zu reden, das ist gut-„augustinsche" Tradition.
Augustin hat aus seinem grauenvollen Erlebnis ein gereimtes Lied gemacht und unter großem Hallo im „Roten Dachl" gesungen. Leider ist dieser „Auferstehungspsalm" verloren gegangen. Ein Wiener Psalm von Tod und Auferstehung; von Gott, der uns aus der Grube herauszieht. Ein Trostlied für jeden, wenn er in eine Grube gefallen ist und Angst hat, nicht mehr herauszukommen.
Für fromme Spießer ist Augustins Geschichte unanständig: Ein „Bsuff" als Gleichnis: Jesus würde sie sicher gefallen haben, er hat ja ähnliche bedenkliche Geschichten erzählt. Aber dieser „Bsuff" hat eben etwas begriffen, das ihn beneidenswert macht: Im Leben und im Sterben ist er in Gottes Hand. Und Augustin hat gelebt, als sei er bereits von den Toten auferstanden.

1. Vision

Der Nachtwächter

Hört ihr Leut' und lasst euch sagen:
Unsre Glock' hat sieben geschlagen.
Denkt den sieben Worten nach, die der
Herr am Kreuze sprach.

Menschenwachen kann nichts nützen;
Gott muss wachen, Gott muss schützen.
Herr, durch deine Güt' und Macht
schenk uns eine gute Nacht.

Maria Magdalena

Der Herr, der hat mein Christum auferweckt,
und mich und andere erschreckt.
Drum sag ich diese Nacht euch an:
Es denke mit, wer denken kann.
Visionen sag ich an,
die Bünker, Karner, Maria Magdalena haben.
So wird die Osternacht euch zum Genuss.
Und nur die Auferstehung ist ein Muss.

Der Gestank des Todes und der Duft der Auferstehung

Mephisto

Was zwei so kreativen Pfaffenhirnen nicht alles einfällt! „Duft der Auferstehung" – so ein Blödsinn.
Gestank des Todes – das geht in Ordnung. Aber er stinkt ja schon, bevor er stirbt – das angebliche „Ebenbild Gottes". Ecce homo, wie ein akademisch gebildeter Teufel zu sagen pflegt. Ecce homo – was für ein Mensch: vom Miachtler bis zum Kasler! Also – unter die Dusche mit der Menschheit?
Sie werden einander
trotzdem nicht riechen können
trotzdem nicht riechen wollen –
auch wenn sie noch so gut „gschneuzt" und „gekampelt" sind.
Und es hat sich gewaschen, wenn die „sauberen" Bürger die Minoritäten unseres Landes diffamieren:
Juden und Tschuschen müssen natürlich stinken,
Homosexuelle verwenden natürlich ein schwüles Parfüm.
Protestanten waren einmal am Pesthauch schuld.
Ausscheidungsgerüche bestimmen die Alltagssprache.
Verachtete Menschen werden von den „Geruchlosen"
gern mit der Vorsilbe „Scheiß-" verbunden.
Und darum geht die Nächstenliebe höchst selten durch die Nase.

Ein kleiner Engel

zufällig vorbeifliegend

Das solltet ihr euch nicht gefallen lassen!

Ein sensibler Christ

Gott, du formst uns vom Ackerboden,
bläst uns den Lebensatem in die Nase,
machst uns lebendig.

Nie werden wir den Duft des Lebens vergessen!
Seinen typischen Geruch,
den Körpergeruch der Schöpfung.

Bevor wir dein Wort hörten,
bevor wir deine Werke sahen,
bevor wir die Früchte der Schöpfung schmeckten
und den Menschen neben uns berührten,
war in unsrer Nase der Geruch des Lebens.

Gott, du formst uns vom Ackerboden,
bläst uns den Lebensatem in die Nase,
machst uns lebendig.

Wie können wir das vergessen!
Die Düfte des Paradieses,
das Aroma von Eden.
Wir riechen den Himmel.

Unter einem großen Stein wurde begraben
der uns der Himmel ist, der uns das Leben ist.
Der Geruch des Lebens verflüchtigte sich
im Gestank des gewaltsamen Todes,
der Militärgerichte und Foltermethoden.
Wie es uns stinkt, wenn das Leben nichts zählt,
wenn Menschen nichts wert sind,
verachtet, zum Schweigen gebracht.
Die Fremden, die Armen,
die Nutzlosen, Schwachen.

Schon zu lange sind wir gewöhnt
an den Gestank des Geldes,
die Allmacht der Wirtschaft,
die Käuflichkeit jeder Beziehung.

Der Lebendige verdirbt,
verliert seinen Körpergeruch,
begraben unter dem kalten Stein der Verachtung.

Doch dann diese Nacht!
Großes Geheimnis.
Der Stein rollt zur Seite,
der Ausgang ist frei.
Nichts ist mehr so, wie es war,
alles ist möglich,
alles steht kopf.

Und wieder ist uns dein Duft in der Nase,
das Riechfläschchen Ostern
belebt uns, weckt uns auf aus dem Tod.
Und wir riechen die Frische
wie von Bergamotte und Limetten,
die Wärme des Balsam,
die Kraft von Zedern und Sandelholz,
die Lust von Moschus und Amber.

Das Leben bleibt nicht begraben,
nicht die Schöpfung verdorben, verfault,
sondern wiedergebracht,
auferweckt in den Morgen.

Gott, du formst uns vom Ackerboden,
bläst uns den Lebensatem in die Nase,
machst uns lebendig.

Nie werden wir den Duft des Lebens vergessen!

Pastor criticus Augsburgensis
spricht über den Ostergeruch:

Jede Religion hat ihren Geruch.
Jedes Fest hat seinen Geruch.
Was ist der österliche Geruch?

Im Brauchtum meiner Kärntner Heimat riecht Ostern nach Geselchtem, nach Kren, nach süßem Brot, dem Reindling und nach hartgekochten Eiern.
Ganz anders der Geruch in der Grabeskirche in Jerusalem! Da riecht es nach dem Öl auf dem Salbungsstein, nach viel Weihrauch und Kerzen, nach dem Öl und den Gewändern, auch nach dem Staub und dem Moder des alten Gebäudes, nach der offenen Erde in einer Seitenkapelle, der feuchten Kühle. Wie paradox, dass ausgerechnet die Auferstehung ein bisschen muffig riecht.
Nun ist aber der Geruch die erste Form der Kommunikation zwischen Mensch und Gott, vor allem durch den Rauch, aber auch durch Öl und Salbe.
Die Nase ist das verachtete Organ. Der Geruch ist zu flüchtig, er hat keine Sprache. Im Laufe der Evolution haben wir 72 Prozent unseres Geruchvermögens eingebüsst.
Patrick Süskind, der Autor des Romans *Das Parfum*, meint: „Es gibt eine Überzeugungskraft des Duftes, die stärker ist als Worte, Augenschein, Gefühl und Wille. Die Überzeugungskraft des Duftes ist nicht abzuwehren, sie geht in uns hinein wie die Atemluft in unsere Lungen, sie erfüllt uns, füllt uns vollkommen aus, es gibt kein Mittel gegen sie."
Was ist nun der Duft von Ostern?
Zuerst denke ich an das Salböl der Frauen: Gedacht als ein Mittel gegen den Gestank des Todes, ein Balsam gegen das Verderben. Aber es kommt nicht dazu, dass der Leichnam so eingesalbt wird. Mit Ostern geht es nicht darum, den Gestank der Welt mit wertvollem Duftstoff zuzudecken.
Ostern ist ein Parfum, eine Komposition aus unzählig vielen Duftelementen.
Jedes gute Parfum hat drei Bestandteile:
Zuerst die sogenannte Kopfnote. Sie gibt den ersten Eindruck, ist allerdings sehr flüchtig.
Dann die Herznote, die sich erst entfaltet, wenn sich die Kopfnote verflüchtigt hat. Die Herznote riecht man erst dann, wenn

der Duft mit der Haut in Berührung gekommen ist. Sie haftet schon wesentlich länger als die kurzlebige Kopfnote.
Drittens schließlich die Basisnote, die am längsten bleibt. Die Basisnote entscheidet über die Qualität des Parfums, sie geht in die Erinnerung über und bleibt im Gedächtnis.
Was könnte nun die österliche Kopfnote sein?
Zuerst waren da Überraschung und Erschrecken, der Angstgeruch des verschlossenen Raumes, in dem sich die Jünger einsperrten. Muffige Luft im geschlossenen Raum. Aber dann fliegt die Tür auf, frische Luft durchströmt den Raum.
So denke ich bei der österlichen Kopfnote an den Garten und die Begegnung von Maria Magdalena mit dem Auferstandenen, ich denke an den frischen Morgenwind am See und den Geruch von Fisch und Wasser. Also eine grüne, frische, maritim-ozeanische Kopfnote.
Nun versuchen wir uns die österliche Herznote vorzustellen. Was kommt, wenn der erste Eindruck, die erste Begegnung, das erste Wiedererkennen verflogen sind? Es kommt die Stimme, die Sprache, die Worte, der Atem. Der Auferstandene bläst die Jünger an, wie Gott den Lebensatem in die Nase des Erdlings Adam blies.
Und schließlich die österliche Basisnote: Was bleibt an Geruchseindrücken? Was wird nicht vergessen? Es ist das Brot, das der Auferstandene mit den Seinen teilt und das er vor ihren Augen isst. Am Seeufer, in Emmaus, in Jerusalem. Es bleibt der Geruch des Brotes, der uns in den Alltag zurück lenkt.

Pastor criticus Helveticus antwortet seinem Kollegen nicht. Ihn faszinieren die schlechten Gerüche. Und außerdem: Wo es stinkt, wird die Predigt politisch.

Der am stärksten verbreitete Geruch dieser Welt ist wahrscheinlich der „Arme-Leute-Geruch". Armut und Elend präsentieren sich als breites Geruchsband: Eine Vielzahl von Gerüchen, die die Nase erschauern lassen, wenn das Auge längst abgestumpft ist. Sekrete des Elends – unsoziale Zustände eingeatmet. Spuren des stinkenden Tiers Mensch, das sich in den Mist seiner Höhle verkriecht: der Geruch der Greise, das Sauer-Gespiebene der Trinker, fette Haare voller Läuse, Ausdünstungen von Schnaps und Knoblauch, der Kellerlochgeruch mit Schweiß und Dreck, der ranzige Tabakgeruch und eingetrocknete geile Säfte; verschimmelte Essenreste und verdorbene Lebensmittel; enge Räume, winzige Fenster, Luft- und Lichtmangel, feuchte Böden, stinkende Dämpfe von Waschlaugen und Desinfektionsmitteln.

Penetrante Ausscheidungsgerüche – ein Leben wie im Exkrementarium, im „Scheißhaus". Unfreiheit kann man riechen, Gefängnis, Häfenaroma!

Die religiöse Dimension ist auch zu riechen: Höllengestank, was sonst? – atemberaubend, schmutzig, verkommen.

Der Arme-Leute-Geruch imprägniert die Kleider und ist nicht mehr herauszubringen.

Blöde, puritanische Pfaffen ereifern sich über das Volk, das nach Fäulnis, Sünde und Tod stinkt – und gern an die Auferstehung glauben würde.

Können die „Nasenabenteuer" ein Menschenherz erweichen, vielleicht sogar hilfsbereit und revolutionär machen?

Pastor criticus Helveticus verzichtet auf die Beantwortung dieser Frage. Er will Zeit gewinnen für den melancholisch-theologischen Geruch, der die Menschen permanent daran erinnert, dass sie aus dem Paradies vertrieben worden sind.

Also Schweißgeruch – das ist heutzutage etwas ganz Arges. Wer schwitzt, stinkt. Und noch dazu nach Schweiß. Und den Schweiß einfach abzuwischen? Nein! So etwas konnte sich vielleicht die heilige Veronika leisten und sich dabei sogar noch malen lassen. So etwas konnten sich im 20. Jahrhundert noch Louis Armstrong und Ella Fitzgerald erlauben. Aber alle andren haben gefälligst nicht zu schwitzen, wenn sie etwas gelten wollen.

Wer schwitzt, kriegt Flecken im Ballkleid. Wer schwitzt, verliert politische Fernsehkonfrontationen. Wer schwitzt, ist schwach.

Wer schwitzt, ist nur ein Mensch. Was ist das eigentlich für ein besonderer Saft: Schweiß? Die Wissenschaft definiert: Das farblose, weitgehend geruchlose, salzig schmeckende Absonderungsprodukt der Schweißdrüsen. Verschiedene organische Substanzen im Schweiß entstammen dem Sekret von Duftdrüsen bzw. bakteriellen Zersetzungsprodukten. Sie ergeben zusammen mit Milchsäure und z. B. nach Knoblauchgenuss einen oft sehr unangenehmen Körpergeruch.

Religiös gesehen ist der Schweißgeruch ein melancholisch-theologischer Geruch. Denn er erinnert die Menschen ständig daran, dass sie aus dem Paradies vertrieben worden sind.

Als Gott das erste Menschenpaar aus dem Paradies hinauswirft, sagt er zu Adam: „Im Schweiße deines Angesichtes sollst du dein Brot essen."

Wohlgemerkt: Gearbeitet haben Adam und Eva auch im Paradies. Aber jetzt – außerhalb des Paradieses – ist alles sehr kompliziert und schwierig geworden – und vor allem eine Riesenplag? Aber im Unterschied zu heute durfte Adam wenigstens nach Herzenslust schwitzen und stinken. Und Eva hat ihn trotzdem geliebt – und seinen herb-männlichen Bocksgeruch als Aphrodisiakum genossen.

Heute dürfen Adam und Eva nicht einmal mehr schwitzen, weil das die „Päpste" einer „Parfümeriekirche" so beschlossen haben. Und Adam kauft im Geschäft den Körpergeruch, den Eva heuer von ihm erwartet. Und im Übrigen wissen sie längst, dass sie nicht die Nachfahren von Paradiesvertriebenen sind. Denn was man nicht riechen kann, gibt es nicht mehr.

„Wer sich die Hände nicht wäscht, wird diejenigen, die sich die Hände waschen, ewig hassen. Und wer sich die Hände wäscht, wird diejenigen, die es nicht tun, ewig verachten. Nie wird man sie vereinen können; nie werden sie zusammen leben können."

Balsam – der Inbegriff aller Wohlgerüche und Spezereien in biblischer Zeit. Er wurde aus den hellgelben Harztropfen des Balsamstrauches gewonnen. In Jericho und En-Gedi gab es berühmte Balsamplantagen. Der Duftstoff wurde exportiert

und brachte ungeheure Gewinne. Kein Wunder, dass sich die Könige den Balsamhandel sicherten. Jesus wird mit dem Balsam gesalbt, er, der neue, der wahre König.
Balsam war Bestandteil des heiligen Räucherwerks am Tempel (2. Mose 30). Angeblich kommt ihm eine aphrodisierende Wirkung zu, es wird erzählt, dass Esther nach Balsam duftete, als sie auf dem Weg zum Großkönig war, um das Unheil von ihrem Volk der Juden abzuwenden. Aber auch Judith parfümierte sich mit Balsam, ehe sie sich zu Holofernes aufmachte, um seinem Leben ein Ende zu machen. Hat die Beziehung zwischen Salomon und der Königin von Saba deshalb auch immer die Phantasie der Liebe angeregt, weil sie ihm Balsampflanzen als Geschenk mitbrachte? Auf jeden Fall nennt er eine seiner Töchter „Basmat", was so viel bedeutet wie „wohlriechender Balsam" (1. Könige 4,15), übrigens war das auch der Name von Esaus Frau (1. Mose 26,34). Also, der Wohlgeruch des Balsam durchzieht die Geschichte des Volkes Israel.
Schon merkwürdig, dass wir kulinarisch den Balsam mit dem Essig verbinden, als sollte das Saure der Passion durch den österlichen Wohlgeruch gemildert werden.
Auch bei der Salbung von Bethanien ist der Balsam im Spiel, denn das Salböl Narde enthält eine gehörige Menge davon. Michel Serres hat in seinem Buch *Die fünf Sinne* diese Szene in Bethanien bedacht und eine ganze Reihe von Verwandlungen darin entdeckt. Es geht – so Serres – in dieser Geschichte ums Geld, um die Sprache, um den Tod, um Brot und Wein, und um den Duft, der so flüchtig und doch unvergesslich ist. Letztlich, gerade beim Balsamduft des Salböls, entsteht eine Sehnsucht nach einer anderen Welt, die sich nicht durchs Geld ersticken oder den Tod beenden lässt. Erst die Auferstehung bestätigt diese Sehnsucht, gibt ihr einen Sinn, lässt sie immer neu auferstehen in den Herzen der Menschen, die davon ergriffen sind.
Ob deshalb auch der Balsam zum Salböl gehört, mit dem in orthodoxen und katholischen Kirchen die Täuflinge gesalbt

werden? Dass sie in den Geruch des neuen Lebens, der neuen Welt geraten?

Pastor criticus Helveticus

Einer der vertrautesten Gerüche ist dem Menschen der *flatus ventris,* auf deutsch „Furz", wienerisch weich: „Schas". Der Furz ist wohl zugleich mit dem Menschen erschaffen worden und war wohl seine erste multimediale Produktion. Frühere Zeiten „musizierten" da ganz unbefangen. Auf Grund der schlechten hygienischen Verhältnisse waren sie ja sowieso fast dauernd von einem „Flair von Scheiße" umgeben.

Darüber schreibt übrigens Wolferl Mozart an seine Cousine: „Ich tat mein Bestes, diesen Brief zu schreiben, als ich etwas auf der Straße hörte. Ich stand auf, ging zum Fenster ... und ... das Geräusch hörte auf. Aber kaum hatte ich 10 Worte geschrieben, als ich wieder etwas hörte. Ich stand wieder auf – dabei hörte ich wieder ein Geräusch, diesmal ziemlich schwach – aber es schien etwas ziemlich angebrannt zu riechen. Und wohin ich auch ging, da roch es. Schließlich sagte Mama zu mir: ‚Ich wette, du hast einen fahren lassen.' ‚Ich glaub nicht, Mama', antwortete ich. ‚Ich bin sicher, du hast', beharrte sie." Und Mama Mozart hatte recht!

Und für so einen respektablen Mann wie den Reformator Martin Luther wird der Furz zum Mittel der Frömmigkeit. Und Luther erzählt dazu recht erbauliche Geschichten! Natürlich verwechselt ein Theologe wie Luther nicht ‚Gottes seligen Wind', den Heiligen Geist, mit seinem eigenen Wind; aber den deutschsprachigen Menschen gibt es einen tiefen Zusammenhang zwischen Religion und Verdauung. Das hat immerhin einer der großen Philosophen, Immanuel Kant, festgestellt.

Mephisto

ist verblüfft. So eine ordinäre Predigt wie vom Pastor Helveticus hat er noch nie gehört. Jetzt will er auch predigen, als „pater diabolicus". Aber Pastor Augsburgensis und Pastor Helveticus lassen ihn nicht.

Teuferl Stinkatores

Endlich einmal muss unser Chef das Maul halten und wir kommen zu Wort. Gell, das gfreut dich auch, lieber Schasius.

Teuferl Schasius

Zum Unterschied von unserm Chef hab ich ja die Menschen gern. Nur ich versteh sie halt nicht. Sie schwärmen so gern von wunderbaren Düften. Aber solang es Menschen gibt, stinken sie wie wir Teufeln.

Teuferl Stinkatores

Seit die Welt voller Waschmittel-Gspenster ist, ist es ja nicht mehr gar so schlimm. Aber die Geruchsgeschichte der Menschen ist zum Teufelerbarmen. Im Mittelalter hat sowieso die ganze Welt nach Scheiße gerochen.

Teuferl Schasius

Und in der Barock- und Rokokozeit hat sich kein Schwein gewaschen. Wenn da ein Mann und eine Frau geil „den Teufel in die Hölle geschickt haben“, da hat's gstunken, als würden die zwei an neuen Teufel zeugen.

Teufel Stinkatores

Schaserl, du brauchst net dauernd von früheren Zeiten reden. Sie waschen sich immer noch net gern, die „Ebenbüldeln Gottes.“ Sie haben sogar ein Lied, des geht so: „Der Mensch is a Sau ...“

Teuferl Schasius

Die werd'n schaun, die armen Menscherln; wann nach der Auferstehung aner an fahrn lasst und der riacht nach Lilien.

Pater pius

betet, wie noch nie jemand gebetet hat.
Betet er vielleicht mit Herz und Hirn?

Gott, wie der Rauch des Feuers
zum Himmel aufsteigt durch die Luft
und dir bringt und zurückgibt,
was wir empfangen haben,
dass du es riechst,
dass wir solche sind, die du gut riechen kannst,
so sei uns nahe,
unseren Worten dein Ohr,
unserer Gestalt dein Auge,
unserer Sehnsucht dein Mund,
unsere Namen in deiner Hand.
Lass' uns niemals vergessen,
wie das Leben duftet,
das du uns schenkst.

Gib den Wohlgeruch des Lebens
uns und allen, die Barmherzigkeit üben,
den Krankenschwestern und Ärztinnen,
den Menschenrechtsaktivisten
und Flüchtlingshelferinnen,
den guten Nachbarn und g'scheiten Lehrern,
den freundlichen Beamten und ehrlichen Politikern,
den herzlichen Pfarrern und aufmerksamen Kellnern,
unseren Freunden und Freundinnen,
Kindern, Eltern und Partnerinnen.
Dass wir uns so gut riechen können,
wie du uns gut riechen kannst!

Gib den Wohlgeruch des Lebens uns und allen,
die mit der stinkenden Seite der Welt zu tun haben:
Den Kanalräumern und Miststirlern,
den Tschikarretierern und Häuslfrauen,
den Pompfüneberern und Bankdirektoren,

den Korruptionisten und Tierpräparatoren,
den Pathologen und Kammerjägern,
den Wurstfabrikanten und Straßenkehrern,
den Börsespekulanten und Währungshütern
und allen, die Babys und alte Leute zu wickeln haben,
dass sie das Leben gut riechen können,
dass wir uns gegenseitig gut riechen können,
wie du uns gut riechen kannst.

Gib den Wohlgeruch des Lebens,
dass wir uns nicht immer verstecken
hinter Seifengeruch und Parfum,
hinter Égoiste und Opium,
hinter Poison und Animale,
Arrogance und Vendetta,
hinter Cool Water und Boss,
Eternity und Amen.

Lass' uns sein, wie wir sind,
dass wir uns selbst gut riechen können,
duftend nach dem Paradies,
mit dem Geruch der Auferstehung
in den Nasen
als Töchter und Söhne des Lebens.

Homo oecumenicus

Der Sonntag, der Tag der Auferstehung, riecht nach Weihrauch. Im katholischen Gottesdienst wird alles Heilige beräuchert: die Altäre und Heiligenbilder, das Kreuz und das Evangelienbuch, der Kelch und der Wein, die Hostien, die Priester, ja sogar die Kirchenbesucher. Und in den orthodoxen Kirchen wird noch ein bisschen mehr geräuchert. Und wer am Gottesdienst teilgenommen hat, der nimmt den Weihrauchduft mit.

Die Katholiken und die Orthodoxen sind zu beneiden, dass sie so heilig riechen, wenn sie aus ihrer Kirche kommen. Wer in einer evangelischen Kirche war, riecht höchstens nach sich selber. Die Protestanten wittern eben hinter jedem heiligen Duft das alte Heidentum und seinen Götzendienst. Eigentlich schade, dass der Weihrauch hier Hausverbot hat. Protestanten sind ohne Nase fromm.

Der Sonntag riecht nach Weihrauch. Denn viele von denen, die in keiner Kirche waren, haben sich von ihren Bewunderern Weihrauch streuen lassen, oder sie haben sich der Einfachheit halber gleich selbst beweihräuchert.

2. Vision

Der Nachtwächter

Hört ihr Leut' und lasst euch sagen:
Unsre Glock' hat acht geschlagen.
Nur acht Seelen ließ Gott los, als die
Sinnflut sich ergoss.

Menschenwachen kann nichts nützen;
Gott muss wachen, Gott muss schützen.
Herr, durch deine Güt' und Macht
schenk uns eine gute Nacht.

Maria Magdalena

Der Herr, der hat mein Christum auferweckt,
und mich und andere erschreckt.
Drum sag ich diese Nacht euch an:
Es denke mit, wer denken kann.
Visionen sag ich an,
die Bünker, Karner, Maria Magdalena haben.

So wird die Osternacht euch zum Genuss.
Und nur die Auferstehung ist ein Muss.

Heidenernst und Christenspaß

Doctor paedagogicus

Heidenernst und Christenspaß – beide Wörter gibt es gar nicht. Denn „Heiden“ assoziiert man mit Angst, Arbeit, Geld, Lärm, Mühe, Respekt, Schreck, Spaß und Spektakel. „Christen“ hingegen mit Mensch, Lehre, Pflicht, Seele, Verfolgung.
Christenspaß – aber geh! Christenernst, das wäre ein ehrliches Wort; gibt es aber nicht. Sind Heiden lustig und Christen ernst? Sind Heiden zum Lachen und Christen zum Weinen? Sind Heiden originell und Christen langweilig? Sind Heiden aktuell und Christen ewig? Ist Christus für die Heiden auferstanden und für die Christen liegen geblieben? In dieser Spannung leben wir.

Pastor criticus Helveticus

Christenernst

Jesus hat kein einziges Mal gelacht. Das ist die konservative Bilanz von 2000 Jahren Beschäftigung mit dem Neuen Testament, von den Kirchenvätern über die mittelalterliche Theologie, die Reformatoren und das ach so wissenschaftliche 19. Jahrhundert bis zur Gegenwart.
Wehe mir, wenn ich im ORF gesagt habe: „Jesus hat gelacht.“ So ein Satz war ein Quotenbringer an Hörerpost, vor allem an Protestbriefen. Und die Bibel scheint es zu bestätigen. Nach der Wort-Konkordanz hat Jesus tatsächlich kein einziges Mal gelacht. Aber wenn man so argumentiert, dann wurde er nie von Insekten gestochen, hat fast nie geschlafen, ist nie aufs Klo gegangen und hat keinen Schnupfen gehabt.
Doch man lese nur, was Jesus so alles angestellt hat: Bei einer Hochzeit verwandelt er 600 Liter Wasser in Wein und sagt zu den Leute kein Wort. Er treibt Dämonen aus und lässt sie in eine Schweineherde fahren. Er sitzt beim Kollektenkasten und

schaut zu, wie viel die Leute hineinwerfen. Er wirft die Tische der Händler im Tempel um. Er hält einen Leichenzug auf und macht den Toten wieder lebendig. Mitten in der Nacht geht er auf dem Wasser des Sees Genezareth, und die Jünger halten ihn für ein Gespenst. Ist das nicht eine humorvolle Existenz? „Nein", haben die meisten Christen gesagt und sind ihm auch nicht nachgefolgt – geschweige denn, dass sie Sachen angestellt hätten wie er. Und seine Sprache! Er hat so geredet, als würde er heute sagen: Ihr habt gehört, was die Evangelikalen über die Schwulen und Lesben sagen, ich aber sage euch …

Lass' die Waffenhändler ihre Kriege allein führen.

Wenn dich deine Aktien zur Sünde verführen, dass wirf sie weg.

Wehe denen, die eine blödsinnige Religion verbreiten.

Selig sind, die in keinem Computer gespeichert sind.

Wer den Sinn des Lebens gewinnen will, der wird ihn verlieren.

Wer unter euch nichts zu verbergen hat, der soll sich als erster in den Spiegel schauen.

Aber wer redet schon so geistreich und humorvoll wie Jesus?

Und darum haben sich schon die ersten Christen den würdevollen Ernst von den Philosophen ausgeborgt und den lachenden Jesus ins Jenseits verbannt. Ein Beispiel dafür ist die apokryphe Petrusapokalypse.

Das Diesseits ist ernst, das Jenseits ist lustig. Hier wird geweint, dort wird gelacht. Eine lächerliche Religion, die erst im Jenseits lachen kann.

Pastor criticus Augsburgensis

Heldenernst

Dem Heidenernst begegnest du am besten in der Früh in der Wiener Straßenbahn. Da sind viele, viele unterwegs zu ihrer Heidenarbeit. Und wenn sie dann viel später ihre Heidenarbeit gemacht haben, haben sie womöglich trotzdem eine Heidenangst vor dem Hinausgeschmissenwerden, wenn sie die Firma wegrationalisiert, weil sie vielleicht schon ein bisserl zu alt sind oder halt schon ein paar Jahre zu lange mit dem Heidenernst in

der Früh zu ihrer Heidenarbeit gefahren sind, oder weil sie Frauen sind – auf jeden Fall warten schon eine ganze Reihe jüngere und tüchtigere und einsatzfreudigere und bestqualifizierte und – vor allem! – billigere Heiden auf ihre Arbeit. Und wenn die auch nicht wollen, so richtig wollen, dann geht die Produktion halt einfach woanders hin, so ist das nämlich, weil der Standort Österreich ist wichtig, nicht vielleicht das Land oder die Republik oder die Heimat, die schöne, die vielgeliebte, sondern nur noch der Standort, wie früher beim Militär, weil vom Heidenernst zum Standort ist es nicht mehr weit.
Und dann, am Abend, kriegen wir alle unseren Heidenspaß ins Wohnzimmer geliefert. Eine Serie nach der anderen, und manchmal sogar einen Musikantenstadl. Sit-com heißt das, weil es angeblich um Situationskomik geht dabei, und damit wir kapieren, dass jetzt – nach der ganzen Heidenarbeit – das Lustigsein dran ist, wird immer dieses Lachen mitgesendet. Da sind wo welche gesessen und die haben sich das ganze Zeugs anschauen müssen und haben dabei nicht gähnen oder womöglich schlafen dürfen, nicht einmal Zeitung lesen und Bier trinken, nein! Sie haben laut lachen müssen und wenn es gar nicht witzig war, dann haben sie im Studio ein Taferl gezeigt gekriegt, wo drauf gestanden ist: Jetzt lachen!
Und schon haben alle laut gelacht, ha, ha, ha und schon war es aufgenommen, damit es bei den Sit-coms dazugespielt werden kann.

Das Lachen ist ein Kind der Freiheit.
Da lässt sich nix erzwingen.
Da lässt sich auch nix unterdrücken.

Vom Lachen der Befreiten haben die Anhänger vom Heidenernst, die uns die Sit-coms bescheren, keine Ahnung.
So richtig hat es den Heidenernst erst gegeben, als die griechische Kultur eine antihumorvolle, ganz und gar unwitzige, geradezu tierisch ernste Verbindung einging: Platon und die Pythagoräer, die das Lachen am liebsten polizeilich verboten hätten, und dann dazu die Christen, die gewissen, die schon andere als

nur irdische Sanktionen für die unerlaubten Lacher im Sinn hatten, Basilios der Große, Johannes Chrysostomos, Clemens von Alexandrien – nicht nur glühende Antisemiten, nicht nur völlig verkorkste Sexisten, sie hätten am liebsten alles verboten – das Essen, das Schlafen, die Sexualität und – natürlich – das Lachen.

Was sind jetzt eigentlich die Heiden? Genau sind das solche, die nix wissen vom Gott Abrahams und Saras, denn die zwei hat Gott zum Lachen gebracht, aber wie! Sara lachte – wie wir wissen – im Zelt (1. Mose 18,12), aber vorher ist schon Abraham richtig niedergebrochen vor Lachen (1. Mose 17,17), weil Gott der Herr einen solchen Spaß sich mit ihnen erlaubte von wegen Schwangerwerden und Kind zeugen und Geburt. Also wirklich! Ein guter Witz!

Weil es halt auch witzig ist, wenn eine ausweglose Situation plötzlich ganz anders wird, als wir sehen können: Es geht ja doch! Ja bist denn du g'scheit, so ein Wahnsinn, da brichst nieder – stell dir vor: den Jesus haben's sie lebendig gesehen! Na, mach' an Witz!

Pastor criticus Helveticus

Heldenspass

Das berühmteste Gespräch über das Lachen und die Kirche findet sich in Umberto Ecos Roman *Der Name der Rose.* Ein vernünftiger, revolutionärer Franziskanermönch diskutiert mit einem bösen, alten, reaktionären Dominikaner, der das Lachen wie Teufel und Pest hasst. Der Dominikaner ist „ernst" wie die antiken Philosophen. Und er hat das 2. Buch der Poetik des Aristoteles (= eine Fiktion Umberto Ecos) zuerst versteckt und dann vernichtet. Er verachtet das dumme Lachen des heidnischen Pöbels und der christlichen Proleten.

Seine Argumente: „Das Lachen ist die Schwäche, die Hinfälligkeit und Verderbtheit unseres Fleisches. Es ist die Kurzweil des Bauern, die Ausschweifung des Betrunkenen, auch die Kirche in ihrer Weisheit hat den Moment des Festes gestaltet, den Kar-

neval und die Jahrmarktsbelustigung, jene zeitlich begrenzte Verunreinigung zur Abfuhr der schlechten Säfte und zur Ablenkung von anderen Begierden, anderem Trachten … Aber so bleibt das Lachen etwas Niedriges und Gemeines, ein Schutz für das einfache Volk, ein entweihtes Mysterium für die Plebs." Der primitive, besoffene Pöbel soll nur lachen. „Statt euch aufzulehnen gegen die gottgewollte Ordnung, lacht lieber und ergötzt euch an euren unflätigen Parodien auf die Ordnung, am Ende des Mahles, wenn ihr die Krüge und Flaschen geleert, wählt euch einen König der Narren, verliert euch in der Liturgie des Esels und der Sau, spielt eure verkehrten Saturnalien!"
Aber bei Aristoteles ist das Lachen etwas ganz anderes. „Aber hier, hier wird die Funktion des Lachens umgestülpt und zur Kunst erhoben, hier werden ihr die Tore zur Welt der Gebildeten aufgetan, hier wird das Lachen zum Thema der Philosophie gemacht. Das Lachen befreit den Bauern von seiner Angst vor dem Teufel, denn auf dem Fest der Narren erscheint auch der Teufel als närrisch und dumm, mithin kontrollierbar."
Doch der 2. Band der Poetik des Aristoteles könnte lehren, „dass die Befreiung von der Angst vor dem Teufel eine Wissenschaft ist!" Grimmige Fromme werden vielleicht jetzt ihr letztes großes Geschütz auffahren und sagen: Aber wenn es ans Sterben geht, dann werden bestimmten Leuten schon die Witze vergehen.
Nein!
So hat Johann Franck im 17. Jahrhundert gesungen: „Trotz dem alten Drachen, trotz dem Todesrachen, trotz der Furcht darzu! Tobe, Welt, und spring: ich steh hier und singe in gar sichrer Ruh. Gottes Macht hält mich in acht; Erd und Abgrund muss verstummen, ob sie noch so brummen."
„In der Welt habt ihr Angst", hat Jesu gesagt, „aber seid getrost, ich habe die Welt überwunden!" Das ist die Botschaft, die im Humor Christi steckt, und sie ist ansteckend!
Luthers Höllenfahrt Christi: Er stellt sich den Teufel als ein gefräßiges Ungeheuer vor, das in seinem Höllenschlunde sitzt und nacheinander all die Sünder, die angeliefert werden, gierig

verschlingt. Dabei sind ihm die fettesten Sündenbraten natürlich die liebsten.
Zwischen Karfreitag und Ostern taucht auch der abgeschiedene Christus inmitten jener Sünderschaft auf, die so in die Hölle geschleust wird. Da die Fressgier den Teufel blind macht, verschlingt er ihn aus Versehen mit. Christus aber ist der einzige, der ohne Sünde ist. Er ist anders als die anderen – und schmeckt auch anders!
Er schmeckt sogar – für teuflische Verhältnisse – so widerwärtig, dass der Teufel einen gigantischen Brechreiz kriegt und ihn wieder ausspuckt; aber nicht nur ihn: Der Brechkrampf, der durch die absolute Reinheit Christi entstanden ist, ist so elementar, dass der Teufel seinen Magen total entleeren muss und alle Sünder in hohem Bogen mit hinausspeit. Und die Hölle ist leer: Wenn Christus lacht – wird dem Teufel schlecht.

Mephisto

lässt es blitzen und donnern, er schimpft und flucht: Gott sei Dank haben das die Lutheraner längst vergessen.

Pastor criticus Augsburgensis

Christenspass

Lachen als Zeichen des Lebens, des Lebendigseins, des Lebenschaffens.
Da gibt es Kulturen, in denen glaubten die Menschen, die Frauen werden schwanger, wenn sie lachen!
Und natürlich half es dann auch, wenn jemand gestorben war und den Weg ins Jenseits antrat, das die Zurückbleibenden durch lautes Lachen den Eingang zum neuen Leben eröffneten.
Im Mai 1518 erschien in Basel eine Schrift des großen Reformators Ökolampad. Ökolampad war gegen das Osterlachen, er war ein strenger, ernster Mann, deroffensichtlich in geistlichen Dingen keinen Spaß verstand. Das hat man ihm vorgeworfen, besonders zu Ostern. Denn er war nicht bereit, einen alten und

weit verbreiteten Brauch weiterzuführen: Das Osterlachen, den *risus paschalis*, das Isaaklachen. Der Brauch bestand darin, dass der Priester am Ostermorgen ziemlich alles dransetzen musste, die zahlreichen versammelten Gläubigen zum Lachen zu bringen. Alles das tat Ökolampad nicht und bewies damit, was auch in anderem Zusammenhang festgestellt werden musste: Die Reformation verstand keinen Spaß!

Worin bestand das Osterlachen?
„Einer schrie immer Kuckuck, wie der gleichnamige Vogel, ein anderer legte sich auf Rindermist, tat, als wäre er im Begriffe, ein Kalb hervorzubringen, und trieb die Näherkommenden nach Art der Gänse durch Schnattern von sich weg."

Warum verweigerte sich Ökolampad diesem Brauch?
„Der Grund ist der, dass er nicht mit seiner Stimme und wilder Gestikulation die liederlichen Weiber erschreckt.
Statt dem Herkommen zu folgen, enthält er sich all dieser Dinge, nämlich Geschichten und Witze zu erzählen, die aus dem Küchenmilieu stammen. Er treibt die Zuhörer nicht zu lautem Lachen an, während er Christus verkündigt, er scherzt weder mit schlüpfrigen Worten, noch ruft er durch Nachahmung eines Menschen, der sich selbst befriedigt, die Dinge vor Augen, die die Eheleute in ihrer Kammer und ohne Zeugen zu tun pflegen."

Der Brauch ließ sich aber nicht verbieten, er wurde nur um seine drastischen Züge gebracht und im Weiteren verbal fortgeführt. In Salzburg erschien 1698 das Büchlein *Ovum paschale novum, Neues Osterei*, des Pfarrers Andreas Strobl, in dem vierzig verschiedene Geschichten für das Osterlachen abgedruckt sind.

Im Vorwort steht zu lesen:
„Diese erfreuliche Zeitung [er meint die Auferstehung Christi] verkündet die Christ-chatolische Kirch alle Jahr zu der 11. Oesterlichen Zeit / mit dem trostreichen Alleluja / und begebet die järliche Gechächtnuß dieser erhaltnen Göttlichen Victori

mit Höchster Solennität / erlaubet auch / und lasset den Predigern zu / ihre Zuhörer mit einem erfreulichen oder kurtzweiligen Gedicht und Oster-Märl auffzumunteren, damit die hernach auff die darauff folgende geistlich Lehr und Wort Gottes auffmerkhsahmer werden."

Der tiefere Grund dieses Osterlachens ist der Psalm: „Dies ist der Tag, den der Herr macht, lasset uns freuen und fröhlich darinnen sein!"

Ein Hofnarr

Ein Pfarrer aus rosa Marzipan
will mir eine rosarote Brille aufsetzen,
damit ich meine Schuppenröschen
für Sommersprossen halte.
Aber ich mag kein evangelikales Marzipan.

Heute bin ich schwarz.
Und ich lächle,
wenn schwarze Käfer auf narrischen Kastanienbäumen sitzen
und „Erst wenn's aus wird sein" singen.
Ein pensionierter Rabe erklärt mir freundlich die Welträtsel.
Und fast hätte ich ihn verstanden.

Heute werde ich rot.
Alles rund um mich
fängt rot zu leuchten an.
Ich gehe durch den roten Schnee,
setze mich in ein rotes Kaffeehaus.
Ein roter Ober bringt mir rotes Schlagobers
auf dem roten Kaffee.
Aber ich verstehe seine roten Worte nicht,
weil ein roter Pianist ein rotes Lied spielt.

Heute werde ich gelb,
weil ich diese Farbe spüre wie mein Glaubensbruder van Gogh.
Ich spüre die Hitze, die Sonnenblumen, das Korn, Licht.
Oder könnte es auch eine Gelbsucht der Seele sein? Wahnsinn?

Ich gehe über gelbe Wiesen und durch gelbe Wälder.
Ich steige auf den großen gelben Turm
und will die Sonne einfangen.
Aber ich kann nicht,
weil ich kein gelbes Netz habe.
Die Sonnenstrahlen lachen mich aus,
aber ich verstehe ihre gelben Worte nicht.

Mephisto

ist längst in die Hölle zurückgekehrt. Er setzt sich mit seinen Teufeln zum Nachtmahl. Er spricht ein „Tischgebet", weil er es zuerst für eine Lästerung gehalten hat. Dann kapiert er es doch und hört mitten drin mit einem gotteslästerlichen Fluch auf.

Gott, du hast das Brot geschaffen und die Butter,
aber auch den Kaviar, das Beefsteak und die Salzburger Nockerln.
Du musst selbst ein großer Genießer sein,
weil du uns so einen anspruchsvollen Gaumen geschenkt hast
und dazu den Magen, der das alles verdauen kann.
Aber lass' uns nicht vergessen,
dass wir auch am reich gedeckten Tische
nur den kleinen Hunger stillen können.
Denn der Hunger nach einem sinnvollen Leben,
nach Freude, nach dir,
stillt nicht das große Fressen ...

O verflucht, Gott-verdamm-mich-noch-einmal!

3. Vision

Der Nachtwächter

Hört ihr Leut' und lasst euch sagen:
Unsre Glock' hat neun geschlagen.
Neun vergaßen Dank und Pflicht;
Mensch, vergiss die Wohltat nicht.

Menschenwachen kann nichts nützen;
Gott muss wachen, Gott muss schützen.
Herr, durch deine Güt' und Macht,
schenk uns eine gute Nacht.

Maria Magdalena

Der Herr, der hat mein Christum auferweckt,
und mich und andere erschreckt.
Drum sag ich diese Nacht euch an:
Es denke mit, wer denken kann.
Visionen sag ich an,
die Bünker, Karner, Maria Magdalena haben.
So wird die Osternacht euch zum Genuss.
Und nur die Auferstehung ist ein Muss.

Die Schildbürger und die Auferstehung

Ein Schildbürger

erzählt die Geschichte der Schildbürger. Zur Heilung des Schildbürger-Syndroms gibt es die Schildbürger-Therapie.

Die ersten Schildbürger waren die weisesten Leute ihrer Zeit. Der Ruhm von ihrem hohen Verstand und ihrer seltenen Weisheit hat sich rasch über die ganze Welt verbreitet. Kaiser und Könige, Fürsten und Herren haben von ihrer strahlenden Intelligenz erfahren – und die Herren Schildbürger als Minister und Ratgeber an ihre Höfe berufen. So waren bald die Schildbürgerinnen allein in ihrem Städtchen Schilda, das im Königreich Utopia, hinter Kalikutta, liegt: Da nun ohne die Männer alles drunter und drüber ging, schrieben die Schildbürgerinnen an ihre Männer, sie sollten schleunigst nach Hause kommen und nach dem Rechten sehen. Wieder in Schilda, hielten sie eine Ratsversammlung, wie sie es schaffen könnten, in Zukunft bei ihren Frauen in Schilda zu leben. Und der Weiseste von allen Schildbürgern hat die Lösung gefunden: Unsere Weisheit und unsere Intelligenz hat uns nur Schwierigkeiten gebracht, nur durch „Torheit und Aberwitz" können wir uns vor künftiger Zudringlichkeit beschirmen.
Jeder Schildbürger soll etwas Närrisches tun. Aber dazu würde man gerade die Weisesten und die Geschicktesten brauchen, denn: Es ist eine große Kunst, das Narrenamt recht zu verwesen. Aber jetzt sind die Schildbürger erst recht wieder weltbekannt geworden.

Und ihr zu jedem schwierigen Werk geschickten
Damen und Herren,
ihr Sklaven eurer Terminkalender,
ihr Opfer eurer Sitzungen und Diskussionen,
träumt ihr vielleicht längst davon,

es den weiland Schildbürgern gleichzutun?
Oder ist es euch schon gelungen?

Der Chor der Protestanten

singt die

LITANEI VON DER DUMMHEIT

Gott, in dieser Nacht stehen die Maßstäbe kopf,
schlagen die Normen Saltos
und tanzen die Regeln links herum.
Jesus ist auferstanden.
Er ist wahrhaftig auferstanden.

Gescheites entlarvt sich als dumm,
fester Glaube als reiner Unfug,
zum Beispiel:
dass sich ein Chamäleon farblich der Umgebung anpasst,
dass sich Elefanten vor Mäusen fürchten,
dass Haschisch eine Einstiegsdroge ist,
dass Elstern Ringe stehlen
und dass für immer tot bleibt, was tot ist.

Gott, in dieser Nacht stehen die Maßstäbe kopf.
Jesus ist auferstanden,
er ist wahrhaftig auferstanden.

Vieles stimmt nicht,
was ganz fest geglaubt wird.
Einiges stimmt doch,
auch wenn es heftig bezweifelt ist.
Es stimmt zum Beispiel nicht,
dass Knoblauch unsre Adern durchputzt,
dass Schokolade süchtig macht,
was gerade zu Ostern zum Wohl der Kinder
gesagt werden muss –
es stimmt auch nicht, dass Glatzköpfe die
besseren Liebhaber sind,

es stimmt hingegen, dass Jesus nicht unter einem Stein
begraben werden konnte.

Gott, in dieser Nacht schlagen die Normen Saltos,
Jesus ist auferstanden.

Vernünftiges wird dumm,
Dummes wird gescheit.
Stiere sehen gar kein Rot,
Vandalen benahmen sich nie wie Vandalen,
Dicke essen nicht mehr als Dünne,
Jesus lässt sich nur unter den Lebenden finden,
unter den Toten keine Spur von ihm.

Gott, in dieser Nacht tanzen die Regeln links herum.
Jesus ist auferstanden!
Dank dir für die Vernunft der Dummen.
Sie weiß mehr von Ostern, als manche G'scheitheit
sich träumen lässt.
Die Narren von Chelm,
die Lalen von Laleburg,
die Schildbürger,
die Leute von Seldwyla,
Immanuel Quint und Forrest Gump
Und alle Dummköpfe und Dummköpfinnen
der Geschichte.

Ostern ist eine Geschichte,
die vielleicht besser zu ihnen passt als zu
Gerichtsgutachtern
Landvermessern
Wertpapieranalysten.
Vielleicht auch besser als zu
Theologen
Kirchenleuten
und Kirchenbeitragszahlenden?

Gott, lass' unsre Maßstäbe ordentlich Kopf stehen,
unsre Normen einen doppelten,

einen dreifachen Salto schlagen
und unsre Regeln links herum tanzen,
bis ihnen schwindlig wird.
Jesus ist auferstanden.
Er ist wahrhaftig auferstanden.
Amen

Bruder Schildbürger

Super, dass Sie gleich in mir einen „Prediger des Herrn" erkannt haben. Ich bin ja überhaupt nicht gekleidet wie diese eitlen Bonzen der großen Kirchen. Ich trage ganz bewusst schlichtes Schildbürgerzivil. Wie meine Glaubensgemeinschaft heißt, brauchen Sie noch nicht zu wissen. Es genügt, dass Sie es erfahren, wenn Sie bei uns eintreten. Und, lieber zukünftiger Bruder, Sie haben allen Grund, das schleunigst zu tun. Ich verrate Ihnen ein Geheimnis: Wer zu uns gehört, der hat die Garantie, dass er wirklich auferstehen wird von den Toten. Wer zu uns gehört, für den gibt es keinen Glaubenszweifel mehr. Oder wie unser Gründer Anastasius gesagt hat: „Wir sind der Weg, die Wahrheit und das Leben." Als Katholik oder Protestant gehören Sie eher zur Masse der Verlorenen. Bei uns bekommen Sie jetzt schon für die Auferstehung eine Zählkarte und eine Platzkarte.

Pastor criticus Augsburgensis

Am Weg hierher kam ich durch die Scharen der Besucherinnen und Besucher der Staatsoper. Was haben sie dort wohl gehört und gesehen? Ich vermute, es war „Parsifal". Dieses Stück gehört zu Ostern dazu, das Stück von einem ausgemachten Dummkopf. Warum? Ist Ostern das Fest für ausgemachte Dummköpfe oder will Ostern sagen: Selbst solche Dummköpfe wie Parsifal können noch was lernen? Es hat uns auf die Idee gebracht nachzuschauen, wer eigentlich die Dummen und wer die Gescheiten rund um Ostern sind, und vor allem: wer ist die dümmste Figur in der Bibel? Abraham? Moses? Maria? Petrus? Unsere Antwort heißt: Der Teufel! Er wird zwar immer als sehr gescheit, hintersinnig und ein bisschen intellektuell dargestellt, aber in Wirklichkeit hat der Teufel nicht anderes zu tun als andere zu Dummheiten hinzureißen. Dass sie etwas Dummes tun. Es ist ein spießbürgerliches Glück, das er Jesus in der Versuchungsgeschichte verspricht: Reichtum, Macht, Erfolg, Einfluss, ein Eigenheim mit rundum Versicherungsschutz und einem „All-inclusive-Cluburlaub" irgendwo auf einer Insel, mit Pensionsanspruch für alle und selbst noch für die Kinder.

Warum ist der Teufel so dumm? Nicht deswegen, weil sein Intelligenzquotient vielleicht gering wäre, sondern weil er einen Mangel hat an Phantasie, Kreativität, weil er nicht sensibel und nicht toleranzfähig ist. Und weil er – typisch für alle Dummen – glaubt, was geschrieben steht. Es steht geschrieben! Das Einzige, was wir aus diesen Bibelzitaten des Teufels erkennen können ist, Dumme können manchmal lesen. Dass der dumme Teufel sich in der Bibel so gut auskennt, ist aber auch kein Widerspruch. Es gibt ja auch die Dummheit des Gescheitseins. „Zu den Lehren der Hitlerzeit gehört die von der Dummheit des Gescheitseins", schreiben Max Horkheimer und Theodor Adorno. „Aus wie vielen sachverständigen Gründen haben die Menschen noch die Chancen des Aufstiegs Hitlers bestritten, als dieser so klar war wie der Tag. Da sollte nach der Meinung der Gescheiten der Faschismus im Westen unmöglich sein. Die Gescheiten haben es den Barbaren überall leicht gemacht, weil sie so dumm sind." Diese Versuchung zur Dummheit, dafür steht der Teufel in der Bibel. Er will Jesus als einen Religionsgründer, als einen, der die Religion gestiftet hat für die „Schildbürger", die dann plötzlich nicht mehr Schildbürger sind, sondern „Schildchristen". Und die dann plötzlich nicht mehr leben wie die Spießbürger, sondern wie „Spießchristen". Die Dummheit des Teufels besteht in der Versuchung des „Schildchristentums" und des „Spießchristentums", die immer dumm sein werden, auch wenn sie noch so studiert sind.

Die Dummen allerdings, das ist ihre Gefahr für uns alle und auch unter uns, die Gefahr der Dummen ist, sie haben immer eine Botschaft. Die Dummen wissen immer, worum es geht. Und sie wissen auch immer, wie es zu erreichen ist. „Nimm' diese Steine und sage", „Stell' dich auf die Zinnen des Tempels und mach'" usw. „Dumme", schreibt Ester Vilar, „Dumme predigen". Die Gescheiten, denen bleibt dann oft nichts anderes übrig, als zu beten. Eine interessante liturgische Arbeitsteilung. Zum Glück gibt Jesus nicht nach. Marie von Ebner-Eschenbach hat einmal gemeint, der Satz „Der Klügere gibt nach" begründe die Weltherrschaft der Dummen. Der Klügere gibt nach, der Dumme macht unbeirrt weiter. Daraus können wir jetzt eine allgemeine Weltverdummungstheorie ableiten. Sie kennen das aus der Physik: Das Badewasser ist heiß, die Luft im Badezimmer nicht so, nach einiger Zeit gleicht es sich aus, Thermodynamik. Im Weltall wird es insgesamt irgendwann überall gleich kalt sein. Wenn die Klügeren immer nachgeben, können wir davon ausgehen, dass am Schluss alle gleich dumm sein werden. Wenn nicht endlich einmal jemand sagen würde: Halt! Biblisch gesagt: „Hebe dich hinweg, Satan!" Auf gut weanerisch: „Schleich di'!"

Pastor criticus Helveticus

Also angeblich waren die Schildbürger einmal sehr g'scheite Leute, aber dann haben sie beschlossen, sich dumm zu stellen. Aber wie lange kann man sich blöd stellen, ohne wirklich blöd zu werden? Ständige Übung bringt auch hier etwas weiter. Denn eines Tages werden die anderen die Schildbürger ernst nehmen und ihre Dummheit und ihr ideologisch verankertes Spießbürgertum. Von der Logik einer besoffenen Vernunft zeigt und zeugt eine ganz berühmte Schildbürgergeschichte, nämlich die von der Glocke.

Die Schildbürger hatten einmal Angst, dass Feinde in ihr Land einbrechen und ihre wunderschöne große Glocke stehlen würden. Und da kamen sie auf die herrliche Idee, sie könnten sie in einen Teich schmeißen, und wenn der Feind weg ist, wieder herausholen. Also haben sie die Glocke in ein Boot verladen, sind auf die Mitte des Sees gefahren und wollten gerade die Glocke hineinschmeißen, da hat jemand gefragt: „Ja, wie finden wir die denn dann wieder, wenn wir die einfach reinhauen?" Drauf hat ein noch Gescheiterer gesagt: „Das ist überhaupt kein Problem, wir werden auf dem Boot mit dem Messer eine Kerbe machen, dort, wo wir die Glocke hineingeschmissen haben." Von dieser Lösung waren alle begeistert. Die Kerbe wurde gemacht, die Glocke hineingeschmissen und als der Feind weg war, fuhr man wieder hinaus. „Ah, da ist die Kerbe", sprachen alle und wollten die Glocke finden. Sie haben sie bis heute nicht gefunden.

Nun, nach diesem Muster sind auch viele biblische Geschichten gestrickt. Genauer gesagt, viele biblische Menschen sind Schildbürger. Ein schönes Beispiel dafür ist 1. Samuel 8. Da kommen die Leut' zum Propheten und sagen: „Wir wollen auch einen König haben, so wie alle anderen." Da sagt ihnen der Prophet: „Wisst ihr eigentlich, was ihr verlangt? Wenn ihr einen König habt, der wird euch eure Söhne wegnehmen und sie werden seine Soldaten sein. Sie werden seine Wagen und Rosse rühren, sie werden seine Äcker pflügen und seine Ernte schneiden. Und eure Töchter wird er euch wegnehmen, und sie werden für den König Salben mischen müssen und kochen und backen. Und eure besten Weinberge und Felder und Ölbäume wird er euch wegnehmen und schreckliche Steuern werdet ihr zahlen müssen." Darauf die Leute: „Das ist uns wurscht! Wir wollen genauso einen König haben wie alle anderen einen König haben." Ja, und genauso ist es auch geschehen.

Und hier, sehen Sie, zeigt sich schon die Struktur des biblischen Schildbürgersyndroms. Die Leut' wollen einen Schildbürgerstreich machen, zweitens, der Prophet verbietet es, drittens, dann kommen die Weherufe bzw. die Analyse, was passieren könnte, dann der Satz des Propheten: „Na, dann macht's nur", so leicht zynisch, und dann, es geschieht wie befürchtet. Was stört an der ganzen Geschichte ist, dass der liebe Gott sich hier nicht sehr korrekt verhält in der Frage von dumm und gescheit. Denn der Prophet sagt: „Hörst du nicht, wie blöd sie sind?“ Darauf sagt Gott: „Willfahre ihrem Begehren und gib ihnen einen König.“ Na geh, ist Gott so unheimlich tolerant? Ein ewiger Pädagoge? Liebt er die Schildbürger? Na, des würd' den Schildbürgern so passen. Aber vielleicht liebt er sie wirklich, oder hat er längst resigniert? Jesus erwartet Glauben, die Schildbürger wollen Wunder haben.

Und damit komme ich schon zur nächsten Schildbürgergeschichte. Als Jesus gestorben ist, taucht ein gewisser Josef aus Arimathia auf, und die Bibel sagt, er war Ratsherr. Das klingt nach Schilda, die Ratsherren von Schilda waren ja bekanntlich berühmt. Er will die Leiche Jesu haben. Darauf ist Pilatus sehr verwundert und sagt: „Ja, is er denn schon tot?“ Drauf lässt er einen Hauptmann kommen, der sagt: „Ja, er ist tot.“ Und dann, das Erstaunliche geschieht, er schenkt dem Ratsherrn die Leiche. Ja, Josef von Armathia hat nicht mehr an die Auferstehung geglaubt, Jesus ist ihm weggestorben. Aber er hat dafür das erste schöne, christliche Begräbnis erfunden: die erste „schöne Leich“, ein Schildbürgerstreich. Schildbürger sind frei vom Justament des Glaubens, aber sie sind Experten, wie man Hoffnungen eingräbt.

Jesus hat große Lust daran gehabt, seine zeitgenössischen Schildbürger zu ärgern. So sagt er z. B. zu ihnen: „Lasst die Toten ihre Toten begraben“, oder „Wenn dich dein rechtes Auge zur Sünde verleitet, reiß es aus und schmeiß es weg.“ „Selig sind die Armen im Geist“ oder „Wer sein Leben gewinnen will, der wird's verlieren.“ Die Schildbürger haben das gleich alles ausprobiert. Sie sind eben für das Solide. Wenn er so sagt, dann gilt es eben. Es lebe die evangelikale Redlichkeit. Wenn's dort heißt: Reiß dein Auge aus und schmeiß es von dir, na, sofort. Aber man unterschätze die Schildbürger nicht. Sie können aus jeder Geschichte einen Streich machen. Sie alle kennen die berühmte Geschichte in Genesis 3 von Adam und

Eva und der Schlange. Die Schildbürger haben das gelesen und haben daraus die Macho-Tradition entwickelt. Na, is ja ganz klar, der Verlust des Paradieses ist die Schuld der Frau.
Aber warum so vordergründig? Man könnt's doch mal näher anschauen, was dort wirklich steht, und dann wird man staunen. Adam, den Mann, den braucht man nicht zu versuchen oder zu überreden. Der frisst alles! Man braucht ihm's nur hinzuhalten, er schnappt und frisst. Kann man so was eine Versuchung nennen? Wenn hier jemand in Versuchung geführt worden ist, dann sicher die Eva von der Schlange. Wenn wir diese Geschichte nicht schildbürgerisch lesen, dann sehen wir unser erstes Elternpaar, die Ureltern. Eva, eine charmante, intelligente Powerfrau mit theologischer Bildung. Adam, ein verfressener Neandertaler, depressiv und opportunistisch, der erste Österreicher. G'scheite, aber naive Christen bilden sich natürlich ein, sie könnten das Schildbürgertum durch Bildung beseitigen. Das ist gut protestantisch, durch Bildung. Leider nein, denn die Kirchen und die Politik werden die Schildbürger vor dem Aussterben bewahren. Und sie haben es aus der Ideologie des heiligen Paulus gelernt, der immer gepredigt hat die Rücksicht auf die Schildbürger, pardon, auf die Schwachen natürlich.

Pastor criticus Augsburgensis

Ob es in der Kirche etwas Gescheites zu hören gibt? Aus dem *Lalebuch* von 1597, das zur Vorlage für das Schildbürgerbuch geworden ist: „Dass die Predigt so kurz gewesen, hatte die Ursach', der Pfaff hatte nur von vier Stücken gepredigt. ‚Das erste', sprach er, ‚weiß ich, aber ihr wisst es nicht. Das zweite', sprach er, ‚wisst ihr, aber ich weiß es nicht. Das dritte', sprach er, ‚wissen wir beide nicht. Das vierte', sprach er, ‚wissen wir beide nur gar zu wohl. Böse Hosen hab' ich', sprach er, ‚aber der lange Rock deckt mich. Ich weiß es, ihr wisst es nicht. Dagegen wisst ihr, ob ihr mir wollt neue Hosen machen, was mir nicht zu wissen ist. Ich sollte euch sagen', sprach er, ‚was heute für ein Evangelium ist, das weiß ich – sammer botz Kerbholz – nicht und ihr noch viel weniger. Aber das Wirtshaus, das wissen wir allesamt nur zu gut.'" Schildbürgerpredigt. Der dumme Pfarrer ist eine vertraute Figur. Aber nicht nur als Karikatur ist so manches in der christlichen Botschaft eine ziemliche Zumutung, es kann auch sein, dass es im Kern eine ziemliche Zumutung ist, was uns zu glauben gegeben ist. Die Sache mit der Auferstehung.

Die Dummen sind sich so sicher und die Gescheiten sind immer so voller Zweifel. Wie war das mit der Auferstehung? Wenn Schildbürgersein bedeutet, die Realität zu verkennen, dann können wir ja mutmaßen, dass es hier allerhand verschiedene Schildbürgermöglichkeiten gibt. Es könne eine Schildbürgerei gewesen sein, nach Jerusalem zu kommen. Es könnte ein Schildbürgerstreich gewesen sein zu glauben, Jesus ließe sich so einfach beseitigen. Es könnte aber auch ein Schildbürgerstreich gewesen sein, sein Grab aufzusuchen, das ja doch leer ist. Und es könnte vielleicht sogar ein Schildbürgerstreich gewesen sein, ihn aufzuerwecken. Als Paulus in Athen von der Auferstehung der Toten redet, wird er schlicht und einfach ausgelacht. Ostern ist irgendwie zu dumm für aufgeklärte, gescheite, vernünftige Leute. Bitte um Erklärung! Entweder war er gar nicht tot und ist dann irgendwo anders hin übersiedelt. Oder er war zwar tot, aber sein Leichnam wurde gestohlen usw. usw. 47 Prozent der Evangelischen glaubten 1995 an die Auferstehung Jesu, 57 Prozent glaubten an ein Leben nach dem Tod. Das hat sich alles in den letzten Jahren ziemlich geändert. In der letzten Umfrage haben die Österreicher und Österreicherinnen ein bemerkenswertes Bekenntnis abgegeben. Auf die Frage, für wie religiös sie sich halten – sehr stark, ein bisschen, wenig, gar nicht – sagen die meisten, nämlich 34 Prozent, „es geht". „Es geht", das klingt so, als würde man sie nach dem Befinden fragen, nach der finanziellen Lage, nach der Ernährung. „Es geht", ein merkwürdige Antwort in Bezug auf die Auferstehung, das ewige Leben, das Reich Gottes. „Es geht". 22 Prozent sind der Meinung, Jesus ist leiblich auferstanden, 24 Prozent glauben, es gibt einen

Teufel, unseren Dummkopf von früher, 46 Prozent, fast schon die Hälfte, glauben, dass es Gott gibt, 54 Prozent, die satte Mehrheit, meinen, im Leben ist alles vorherbestimmt. So schau'n wir ja auch aus. Wie die Schildbürger versuchen mit ihren Körben das Sonnenlicht in das fensterlos gebaute Rathaus zu bringen, so vermute ich, könnten wir fast denken, ist Gott der große Schildbürger, der mit der Auferweckung Jesu versucht, in unsere Todesfinsternis das Leben zu bringen. Hat er damit mehr Erfolg?

Pastor criticus Helveticus

Und damit kommen wir zu den schildbürgerischen Jagdgeschichten. Die Schildbürger haben bekanntlich ein Rathaus gebaut, dreieckig, ganz unkonventionell. Als es fertig war und sie zur ersten Sitzung hineingehen, war es stockfinster drinnen, denn sie hatten bekanntlich die Fenster vergessen. Zuerst wollten sie das Rathaus abreißen, aber dann hatten sie eine bessere Idee und ich zitiere aus dem Protokoll der 45. Ratssitzung von Schilda: „Wer weiß, ob das Licht oder der Tag sich nicht in einem Sack tragen lässt, gleich wie das Wasser in einem Eimer getragen wird. Keiner hat es ja jemals versucht, darum, wenn es euch gefällt, so woll'n wir es probieren. Gerät es, so haben wir es umso besser und werden als Erfinder dieser Kunst großes Lob damit bekommen." So hat man es beschlossen. Man nahm lange Säcke, hat die Sonne hineinscheinen lassen, rasch zugemacht und ist hineingelaufen. Kesseln, Zuber, Körbe, ein ganz Schlauer hat sogar eine Mausefalle verwendet, aber leider, im Rathaus ist es finster geblieben.
Auch biblische Jagdgeschichten gehen nach demselben Motto. David sollte dem Herrn einen Tempel, ein Haus bauen, dann hat es der Sohn gemacht. Aber als er den Tempel einweiht, dann kommen ihm doch einige Zweifel und er sagt: „Ja, sollte denn Gott wirklich auf Erden wohnen, siehe, der Himmel und aller Himmel Himmel können dich nicht fassen, wie viel weniger dieses Haus." Doch die Schildbürger aller Zeiten wollen Gott

immer in eine Kirche stecken, wie einen Kanarienvogel in einen Käfig.
Und auch der Schildbürger Petrus hat es versucht, denn als er mit Johannes und Jakobus den verklärten Jesus sieht, was will er machen, er will drei Häuser bauen. Und er will sie „hineinstecken". Das war nicht die Faszination Jesu Christi, denn was hat den Leuten so imponiert? Ich denke doch, dass er ihnen den Glauben an ihre eigene Wandlungsfähigkeit zurückgegeben hat. Alle, die resigniert, verzweifelt, abgeschrieben oder ausgeschieden waren, haben plötzlich wieder Hoffnung. Das ist es wahrscheinlich gewesen.
Das Abendmahl als Sakrament der Verwandlung. Hier geschieht die Verwandlung der Menschen. Hier nimmt Christus Gestalt an und wir spüren so was wie unsere eigene Transsubstantiation. Aber dann, und jetzt sag' ich's frech protestantisch, ist eben in der Kirche ein Unfall passiert. Das Wunder der Verwandlung ist vom Menschen in Brot und Wein hineingerutscht. Jetzt haben sich nur mehr Brot und Wein in den Leib Jesu Christi verwandelt. Und rabiate Reformierte haben zu armen Katholiken gesagt: „Ihr Gott'sfresser". Das Historische ist verschwunden. Nicht mehr „unser Herr in der Nacht, als er verraten wurde", sondern – und da dreht's natürlich einem Calvinisten den Magen um, wenn dann jemand das Abendmahl austeilt und immer sagt: – „Der Leib des Herrn, der Leib des Herrn, der Leib des Herrn." Jetzt waren auf einmal Brot und Wein zum Gotteskäfig geworden. So viele Konfessionen, so viele „Käfigtheorien". Voltaire sagt es bekanntlich boshaft: „Die Katholiken essen Gott, die Reformierten essen Brot und die Lutheraner essen Gott mit Brot."
Wollen die Christen Christus im Jagdfieber der Realpräsenz in Brot und Wein so auf den Abendmahltisch bringen wie die Schildbürger die Sonne ins Rathaus? Man könnte es fast glauben. Und jeder Theologiestudent muss das Jägerlatein der Realpräsenzsüchtigen lernen. Nur, wen haben sie sich denn da eigentlich eingefangen, die theologischen Jäger? Antwort: Das

Erlösungsgespenst des Apostel Paulus. Oder, noch böser gesagt, „den Apostolikum-Golem: Geboren, gelebt, gelitten, gekreuzigt, gestorben, begraben, auferstanden, zum Himmel gefahren, er wird wieder kommen". Das ist nicht der faszinierende Christus, sondern der verlässliche Götze der Heilsegoisten. Jesus war erstaunlicherweise an seiner eigenen Realpräsenz überhaupt nicht interessiert. So sagt er den Leuten an seinem Tisch: „Ich werde von jetzt an den Wein nicht mehr trinken bis zu dem Tag, wo ich ihn neu trinken werde mit euch im Reich meines Vaters."

Und ich frage mich, ist es wirklich so schwer, das zu tun, was er gesagt hat? Nämlich: „Esst Brot, trinkt Wein, und das tut zu meinem Gedächtnis." Genau das wollen wir in dieser Nacht tun. Brot essen und Wein trinken. Keine Zauberei, keine Mystik, sondern einfach das, wie er's gesagt hat. Und es tut uns gut, auf alle schildbürgerischen Ideologien und Theologien zu verzichten und das Gedächtnis des faszinierenden, biblischen Christus wach zu halten. Und wir werden unsere eigene Verwandlung so erleben wie die, die schon damals an seinem Tisch gegessen und getrunken haben.

Chor der Intellektuellen

Meditation über die Dummheit

Stimmt es wirklich, dass gegen die Dummheit selbst Götter vergebens kämpfen? Und wenn das wirklich so sein sollte, könnte man sich wenigstens damit trösten, dass es ja nur die antiken Götter waren, die nichts gegen die Dummheit ausrichten konnten, während der Gott der Christen damals am Kreuz von Golgatha auch die Dummheit der Menschen auf sich genommen und überwunden hat.

Das ist ja auch theologisch richtig gedacht. Nur fragt man sich manchmal, ob Kirche und Christentum die Macht und Zähigkeit der Dummheit überhaupt schon erkannt haben – die persönliche und die institutionelle –, oder ob man nicht gerade in der Kirche gewohnt ist, die Dummheit zu unterschätzen.

Es wäre wohl ein Zeichen von Bußfertigkeit, sich einzugestehen, dass eben sowohl große kirchliche Persönlichkeiten und bedeutende kirchliche Gremien als auch die braven, kleinen Christen manchmal riesengroße Dummheiten begehen. Könnte es nicht sein, dass vieles, worunter die Menschen leiden, ein Werk der Dummheit ist?
Im biblischen Wörterbuch kommt „Dummheit“ nur dreimal vor. Das ist symptomatisch und zugleich ein Fingerzeig: die Dummheit hinter all ihren Masken aufzuspüren, auch hinter meiner Maske.
Herr, dir bekenne ich meine Dummheit.

Das kleine Trotterl

Ich lass' mir meinen Christenglauben
durch jeden Aberglauben rauben.
Und glaubst, dir kann das nicht passieren,
dein Hirn, das wird sich nicht genieren.

Mephisto

sitzt vor einer brennenden Landschaft und sinniert. Er lächelt, dass die Menschen immer noch die Sagen vom „dummen Teufel“ glauben, ja dass einige sogar davon überzeugt sind, dass es ihn gar nicht gibt. Er ist halt im Grunde genommen ein großer alter, hässlicher Schildbürger – der Teufel.

4. Vision

Der Nachwächter

Hört ihr Leut' und lasst euch sagen:
Unsre Glock' hat zehn geschlagen.
Zehn Gebote setzt Gott ein,
Gib, dass wir gehorsam sein!

Menschenwachen kann nichts nützen;
Gott muss wachen, Gott muss schützen.
Herr, durch deine Güt' und Macht
schenk uns eine gute Nacht.

Maria Magdalena

Der Herr, der hat mein Christum auferweckt,
und mich und andere erschreckt.
Drum sag ich diese Nacht euch an:
Es denke mit, wer denken kann.
Visionen sag ich an,
die Bünker, Karner, Maria Magdalena haben.
So wir die Osternacht euch zum Genuss.
Und nur die Auferstehung ist ein Muss.

Ostern im Jahr 31

Chor der frommen Realisten

Wenn er damals nicht von den Toten auferstanden wäre,
dann würde die Welt heute ganz anders ausschauen.
Wenn er damals nicht auferstanden wäre,
dann gäbe es heute keine Grabeskirche in Jerusalem,
keine Hagia Sophia in Konstantinopel,
keine Calvinkanzel in Genf
und keine Schlosskirche in Wittenberg,
keine Reformierte Stadtkirche in Wien.
Wenn er damals nicht auferstanden wäre,
dann gäbe es heute keine Christen;
keine Katholiken, keine Orthodoxen, keine Protestanten,
keinen Papst, keine Patriarchen, keine Bischöfe,
keine Oberkirchenräte, keine Pfarrer,
keine Kapläne und Vikare.
Wenn er damals nicht auferstanden wäre,
dann hätte es keine Christenverfolgungen gegeben,
keine Kreuzzüge, keine Ketzerprozesse,
keinen Dreißigjährigen Krieg.
Wenn er damals nicht auferstanden wäre,
dann gäbe es heute keinen Sonntag, keine Weihnachten,
keine Ostern, keine Pfingsten und keine Donnerstagfeiertage.
Wenn er damals nicht auferstanden wäre,
dann gäbe es keine Märtyrer und keine Heiligen,
keine Namenstage.
Wenn er damals nicht auferstanden wäre,
dann gäbe es heute keine Taufe, keine Trauung,
kein kirchliches Begräbnis, keinen Gottesdienst,
keine Beichte, keine Vergebung, kein Abendmahl,
keinen Kircheneintritt, -austritt und -übertritt.
Wenn er damals nicht auferstanden wäre,
dann gäbe es heute keinen Religionsunterricht,

keine christlichen Sendungen in Radio und Fernsehen,
keine Militärseelsorge, keine Kirchenfürsten bei Einweihungen und Eröffnungen.
Wenn er damals nicht auferstanden wäre,
dann gäbe es heute in Wien keine Stephanskirche,
in Melk und St. Florian kein Stift, in Innsbruck und Gurk keinen Dom.
Wenn er damals nicht auferstanden wäre,
dann hätte es keine Inquisition gegeben
und keine Reformation
und kein 2. Vatikanisches Konzil und keine Ökumene.
Wenn er damals nicht auferstanden wäre,
dann gäbe es heute keine Christen und Atheisten,
keine Agnostiker,
keine Revolutionäre aus Liebe zu den Menschen.
Wenn er damals nicht auferstanden wäre,
dann gäbe es keine Bibel, keine Predigt,
dann wäre mit dem Tod alles aus.

Chor der progressiven Protestanten

Eine besondere Nacht,
in der das Leben erscheint.
Eine besondere Nacht,
in der unsere Zukunft beginnt.
Ich lobe diese Nacht
in allen Nächten der Welt,
in den Dunkelheiten meines Lebens
und der Finsternis der Seelen.
Eine besondere Nacht,
in der das Leben erscheint.
Der Stein weggewälzt,
der Weg frei,
der Tod liegt hinter uns
und vor uns kein Ende.
Ich lobe diese Nacht,

in der der Aufbruch gelingt,
die Sklaverei vorbei ist
und wir durchs Wasser ins Leben gehen.
Eine besondere Nacht,
in der Menschen getauft werden,
dass kein Stein ihren Weg versperre.
Getauft auf Jesus, den Menschen,
und nicht auf
Wilhelm den Eroberer,
Alexander den Großen
oder gar
Ivan den Schrecklichen.
Getauft auf Jesus, den Menschen,
und auch nicht auf
Maria Theresia, die kaiserliche Übermutter,
Greta Garbo, die Göttliche
oder gar
Madonna, die Heilige des Starkults.
Ich lobe diese Nacht, in der das Leben beginnt.
Auch ich bin getauft
auf Jesus, den Menschen,
den der Tod nicht halten konnte,
der auferstand aus dem Tod
und den steinernen Zuständen vortanzt,
dass selbst die Steine schmelzen
und alle schwindlig werden.
Eine besondere Nacht,
wirklich und wahr,
ich lobe diese Nacht.

Der Bischof Longinus – vormals Soldat

Herzlich willkommen in der Wiener Schatzkammer! Hier, meine Damen und Herren, finden Sie die größten Kostbarkeiten! Da ist die Kaiserkrone des Heiligen Römischen Reiches, dort die Kaiserkrone Österreichs; da sehen Sie den Schatz der

Burgunder, dort den Schatz des Ordens vom Goldenen Vlies. Ich darf Sie heute hier durchführen und Sie erinnern an die erste Zeit nach Ostern, so ungefähr ein Jahr nach der Auferstehung. Ostern im Jahr 31, ein Jahr danach, war es schon ein Feiertag? Natürlich nicht. Aber das Ereignis selbst war uns noch ganz nah, alles Augenzeugen und Augenzeuginnen einer Erscheinung des Auferstandenen. Noch Jahre später werden Menschen behaupten, ihnen sei der Auferstandene erschienen, z. B. Paulus. Zu Ostern im Jahr 31 war ja noch ganz unsicher, was draus wird. War das alles nur eine riesige Seifenblase, die zerplatzen wird? Die Vision von etwas überdrehten Menschen, ein Hirngespinst? Oder war es alles nur ein Betrug? Enttäuschte Jünger und Jüngerinnen versuchen sich die Geschichte zurechtzurücken, wie es ihnen passt. Vielleicht haben einige gedacht, es könnte ja doch was dran sein. Wer weiß das schon genau. Aber mir war schon im Jahr 31 klar: „Das ist die Geschichte, die Geschichte machen wird." Eine Jahrhundertgeschichte – was heißt Jahrhundertgeschichte? Eine Jahrtausendgeschichte. Aber gestatten Sie mir, dass ich mich vorstelle: Ich heiße Longinus, war der Soldat, der nach den Berichten des Johannesevangeliums Jesus mit dem Speer in die Seite gestochen hat, worauf Blut und Wasser herausrannen. Also einer, der in diesem Hinrichtungskommando, wie man so schön sagt, seine Pflicht getan hat. Gerade Sie in Österreich werden mich da bestimmt verstehen, Sie haben ja auch genug gehabt, die nur ihre Pflicht getan haben, einer davon ist sogar Bundespräsident geworden. Meine Aufgabe war nicht nur die Hinrichtung zu vollstrecken, meine Aufgabe war auch, den Gekreuzigten zu bewachen, dass nicht seine Freunde und Freundinnen kommen und ihn retten, und schließlich musste ich auch die bewachen und beobachten, die dabeistanden und zusahen. Wehe, es hätt' jemand Zeichen von Anteilnahme oder Trauer gezeigt, der wär' gleich verdächtig gewesen und wär' sofort verhaftet worden. Später hat man mich identifiziert mit dem Hauptmann, der unter dem Kreuz im Augenblick des Todes Jesu bekannt hat: „Wahrlich, dieser

Mensch ist Gottes Sohn gewesen." So ist der Grundstein für die Glaubwürdigkeit meiner Bekehrung gelegt worden. Ich bin dann sogar Bischof von Kappadokien geworden und hab' selbst den Märtyrertod erlitten, pikanterweise auch unter Pontius Pilatus. Vom Henkersknecht zum Bischof und Heiligen! Schon erstaunlich, was das Evangelium für Lebensläufe hervorbringt!

Aber warum ich Sie heute hier empfangen darf, geht darauf zurück, dass ich bei meinem Abschied vom Militär etwas getan habe, was Soldaten gerne tun, ich habe etwas vom Staatseigentum mitgehen lassen – nämlich meine Lanze. Es ist nicht irgendeine Lanze, die ich mitgehen ließ, es ist die Heilige Lanze. Die Heilige Lanze hat insgesamt eine sehr verworrene Geschichte, sie ist oft verwechselt worden mit anderen Lanzen, sie ist oft verloren gegangen und wieder gefunden worden. Man hat sie geraubt und wieder erobert – und heute liegt sie eben hier, in der Wiener Schatzkammer. Die Heilige Lanze gehört nämlich zu den Insignien des Römischen Reiches. Ich hätt' ja auch, wird erzählt, das Blut Jesu in einer Schale aufgefangen, und das ist der Heilige Gral. Aber jedes Geheimnis verrate ich nicht, damit wird noch ein Riesengeschäft gemacht werden, dass ich darüber nichts Genaues verrate.

Also mit der Lanze hat es angefangen und ich hab', Sie werden das bestimmt verstehen, dann eine richtige Sammelwut entwickelt. Die Lanze hatte ich schon, den Heiligen Gral, von Veronika kaufte ich das Schweißtuch, von Joseph von Arimathia bekam ich das Leichentuch, natürlich umsonst, denn Joseph war ein reicher Mann. Die richtigen Nägel zu finden, war schwieriger; der Schwamm, mit dem Jesu getränkt wurde, durfte auch nicht fehlen. Und jetzt machte ich mich auch noch auf die Suche nach meinem ehemaligen Kameraden, der beim Würfelspiel gewonnen hat, um den „Rock des Herrn" wieder zurückzugewinnen. Schwierig war es, das Kreuz zu finden, das echte, das einmalige, und ganz besonders schwer hab ich mir getan, das Grab zu finden, in das Jesus gelegt wurde – da war ich ja nicht mehr dabei. Sie können sich bestimmt denken, dass

die anderen, die zu diesen Jesusleuten gehörten, nicht so begeistert waren von meinen Aktivitäten. Einige haben gemeint, ich spinne, ich mache hier ein Gruselkabinett – eine Horrorsammlung von Foltergeräten. Aber ich sag immer, die Leute werden Orte, Namen und Gegenstände brauchen, damit sie das, was Ostern bedeutet, wirklich auch begreifen können.
Freilich war ich schon ein bisschen erschrocken, wie ich gesehen habe, dass die Leute sich ein Kreuz in Verkleinerungsform, ein Kreuzerl, um den Hals hängen. Nein, ein Schmuckstück war das bestimmt nicht, das können Sie mir schon glauben!
Die unstillbare Sehnsucht nach Orten, Namen und Gegenständen hat auch aus Ostern gemacht, was es heute ist: Historiker, die Bücher schreiben; Illustrierte, die es für Titelgeschichten verwenden; Kirchen mit Kreuzen obendrauf als Mittelpunkt der Städte, Hollywood-Filme mit Indiana Jones oder dem Da-Vinci-Code auf der Suche nach dem Heiligen Gral, und die Gebildeten unter den Verächtern werden am Karfreitag in die Oper gehen und sich dort die Geschichte vom dummen Ritter Parsifal anhören, elendslang, der den Heiligen Gral nie findet, aber die Musik von Richard Wagner ist so weihevoll. Es wird live im Fernsehen übertragene evangelische Gottesdienste und Grüße vom Papst aus Rom geben, die Schokoladeindustrie wird davon leben, und die Massentierhaltung von Hühnern und die Batterieeier und so weiter und so weiter. Das konnten wir uns im Jahr 31 noch gar nicht vorstellen, was Ostern bedeuten wird. Eine sehr sonderbare Geschichte, die sich rückwärts und vorwärts lesen lässt.

Die Schwiegermutter des Petrus

Wetten, dass Sie noch nie von mir gehört haben. Wann ich mich net selba kennat, ich könnt' ja direkt glauben, mich gibt's gar net. Ich bin ja jetzt auch nicht da, weil mich vielleicht jemand gerufen hätt'. Ich bin ganz von mir aus gekommen. Damit Sie sehen, dass vor 2000 Jahren auch ganz normale Leut' gelebt haben, z. B. eine Frau wie ich. Net nur lauter Apostel und so heilige Heuchler. Und wannst des Herren Heiligen näher gekannt hast, na dankschön. Und einer, der hat sich sogar in meine Familie eingeschlichen. Ein gewisser Herr Petrus. Den hab ich besonders g'fressen g'habt. Der saubere Herr hat dem Madel den Kopf verdraht – und nach sechs Monaten Ehe hat er sie sitzenlassen. Blöd is er ja nicht gewesen, der Herr Ex-Fischer. Zuerst hat er das Madel eing'wickelt mit sein'm religiösen Schmäh, und in der Nacht, wenn sie dann allein im Bett gelegen is, da hat sie sich dann die Augen ausgwant. Aber glauben S', die Tochter hätt' sich was von mir sagen lassen? Frech is no worden. Ich sollt' net dauernd schimpfen, schließlich hätt' ich ja was g'habt von ihr'm Mann. Oder sollt' i vielleicht gar vergessen haben, dass mich dem sein Chef g'sund g'macht hat? Mein Gott, das Fieber, das wär' so auch vergangen. Man rennt net gleich mit an jedem mit, nur weil er einen g'sund macht oder sonst irgendein Kunststückl kann – so wie mit de Fisch und so. Ich hab mich von dem Josua oder Jesua, wie der g'heißen hat, net verrückt machen lassen. Und ich hab genau aufpasst, was diese Jesus-Partie so alles angestellt hat. Und das hab ich meiner Tochter immer gleich unter die Nas'n g'schmiert. Vor allem, wenn mein Herr Schwiegersohn wieder einmal bei sein'm Chef eing'fahrn ist. Ich hab natürlich von Anfang an g'wusst, dass das mit dem Jesus und seinen Leuten net gut gehen kann. Und recht hab ich g'habt. Auf's Kreuz hat's ihn gebracht.

Und aus war's mit dem Jesus und seine Leut'. Ich hab's ihm ja gleich g'sagt, dass es ein böses Ende nehmen wird mit solchene Revoluzzer. Und außerdem, es liegt kein Segen drauf, wenn einer seine Frau verlasst. Aus is aus und Schluss is Schluss. Da nutzen keine Raubersg'schichten von einer Auferstehung und so. Das sind lauter Schmäh und Fieberträume. Und vom Fieber versteh' ich was. Und im Übrigen: Es is no kaner z'ruckkommen von de Toten. Und dran wird sich nichts ändern bis zum Jüngsten Tag. In a paar Jahren is der ganze Spuk vergessen. Du wirst schon sehen: In a paar Wochen ist der Petrus wieder zu Haus. Lass' ihn ruhig zuerst ein bisserl zappeln, den Herr Spätheimkehrer, den patzwachen Felsen den. Und das nächste Mal, Kinderl, musst du besser auf dein' Petrus aufpassen, sonst rennt er dir wieder mit irgendan blöden Schmäh davon.

Maria Magdalena

Jetzt ist das schon ein Jahr her! Mir kommt vor, als wär's gestern erst geschehen! Ja, gestatten Sie, Maria Magdalena, die Frau, der man alles umhängen konnte an Männerphantasien. Zuerst haben's es nicht ausgehalten, die Männer, dass wir schlicht und einfach mutiger als die Jünger waren. Wir sind Jesus gefolgt bis zum Hügel Golgatha, wir waren beim Kreuz dabei, wir haben gesehen, wohin sein Leichnam gelegt wurde, aber wir durften keine Gefühle zeigen. Die Trauer war verboten. Wir haben ja gewusst, wer Gefühl oder Anteilnahme zeigt, macht sich verdächtig und wird verhaftet. Das könnt ihr euch nicht vorstellen, was das heißt, dabeizustehen und nicht die Hände zu ringen, sich nicht gegenseitig zu stützen und nicht das Gesicht abzuwenden und schon gar nicht eine Träne zu vergießen. Wie ein Stein legt sich das auf die Seele, deshalb war ich auch so drauf aus, ihn dann festzuhalten, obwohl er mir ganz fremd war.
Wir Frauen wollten den Toten ehren, und wir haben es mit Überlegung getan. Wir haben das Salböl am Sabbatabend eingekauft, sofort, nachdem die Geschäfte wieder offen hatten, damit wir am Morgen, am Sonntagmorgen gleich beim Sonnenaufgang schon unterwegs sein konnten. Aber dann stellte sich die Frage: Wer wälzt uns den Stein? Ich kann mir schon vorstellen, wie Generationen von männlichen Kommentatoren durch diese Frage veranlasst wurden, alles das, was sie an Frauenfeindlichkeit auch in der Kirche auf Lager hatten, loszuwerden. Wie unüberlegt die Frauen doch sind – das ist wieder typisch, an alles haben sie gedacht, aber an das Wichtigste nicht. Da sieht man, es kann nichts werden. Aber wir haben's doch anders gemeint und gesagt, nämlich so: Wer wälzt uns schon den Stein? Auch das werden wir selber machen müssen. Und wir haben uns nicht aufhalten lassen davon.

Dann habe ich einen speziellen Auftrag bekommen, und ihr könnt mir glauben, dass das sehr mühevoll war, nämlich die Jünger und die Jüngerinnen, die sich irgendwo versteckt hatten, wieder zusammenzubringen nach Galiläa. Unermüdlich bin ich dafür gelaufen. Warum? Ich habe erstens gewusst, es darf einfach nicht vorbei sein, es muss weitergehen. Denn ich hab' erfahren, dass es möglich ist, dass es geht, dass Frauen nicht über Männer definiert werden. So heiße ich auch nicht Maria, die Frau von Dem-oder-dem, oder Maria, die Mutter von Dem-oder-dem, oder die Tochter von Dem-oder-dem, sondern ich werde bis heute nach meinem Herkunftsort benannt – Maria aus Magdala, die Magdalenerin. Das war schon von Anfang an nicht allen recht, und sie haben mir die unmöglichsten Dinge nachgesagt. Eine Frau, die so selbständig ist, die kann eigentlich nur eine Prostituierte sein – ja, so haben sie geredet und mich in dieses Bild hineingedrängt. Die Fortschrittlichen haben sich natürlich gedacht: Diese selbständige Frau eignet sich sehr gut, um die Freundin Jesu zu werden. Und damit haben sie mich wieder in der Falle, dass ich über einen Mann definiert werde. Nein, wer wälzt uns schon den Stein? Das müssen wir schon selber machen. Ich war ja körperliche Arbeit gewohnt. Der Ort Magdala lebte von der Fischverarbeitung, ein eher stinkendes Gewerbe mit Pökel, Räuchern und Fischausnehmen. Die Fische von dort sind bis Rom exportiert worden, so habe ich auch in der Fischverarbeitung gearbeitet, immer wieder gerade mit den Fischen, die Leute wie Petrus gefangen haben. Bei den Jesusleuten habe ich erfahren und erlebt, dass es nicht so sein muss, dass die Frauen die Versorgungsarbeit machen, kochen, putzen, Kleider bereitstellen, Kinder großziehen, und die Männer das Andere: das Deuten, das Anschaffen, das Leiten, das Predigen. Bei den Jesusleuten war das geschwisterlich geteilt. Ich habe selbst geleitet, gepredigt und verkündigt, und das ist Arbeit wie das Kochen und Putzen; und das Zusammenpredigen der Jünger nach Ostern ist eine Arbeit wie das Fischausnehmen und das Einsalzen. Die Rangstreitigkeiten unter den Jüngern interessieren mich nicht – wer der erste ist, wer oben sitzen darf. Typische Männersorgen! Aber alles das, was nicht verloren gehen soll, darf nicht aus sein. Im Jahr 31 waren über mich merkwürdige Gerüchte im Umlauf. Einige sagen: „Du pass auf, Maria, die werden dich noch verschweigen. Die werden dich nicht einmal mehr erwähnen." Na ja, ganz naiv bin ich ja auch nicht. Natürlich werden mehr den Petrus vorziehen, manche sagen ja schon, dass er vor mir am Grab gewesen sein soll. Aber es gibt auch die anderen, die sagen, dass das unvorstellbar ist, die Geschichte derartig zu verdrängen. Wer könnte denn das mir antun, dass ich plötzlich die zweite bin und schließlich ganz aus dem Gedächtnis verschwinde? Aber, das könnt's mir glauben: Ich hab' reichlich Erfahrung im Steinewälzen, und manchmal hilft mir ja auch ein Engel.

Der Apostel Thomas

Meine Damen und Herren im 21. Jahrhundert. Wenn Sie etwas von Auferstehung verstehen wollen, dann tun Sie gut daran, sich meine Geschichte anzuhören. Ausgerechnet wie ich unterwegs war, ist der Auferstandene den Jüngern erschienen – haben sie mir bei meiner Rückkehr erzählt. Natürlich hab ich es ihnen nicht geglaubt. Aber dann hat mich wohl der Teufel geritten und ich habe meine Bedingen gestellt: Wenn ich mir die Nägelmale in seinen Händen anschauen kann, wenn ich auch meine Finger drauflegen kann, und wenn ich auch noch seine Seitenwunde berühren kann, dann will ich glauben, dass er auferstanden ist. Aber ich war fast überzeugt davon, dass das kaum passieren würde.

Aber dann haben meine Jünger-Kollegen eine Frechheit begangen. Sie haben immer öfter von mir als „dem ungläubigen Thomas" gesprochen. Zuerst habe ich ja nur geglaubt, sie wollen mich mit diesem Schmäh nur ärgern. Doch bald hatte ich den Eindruck, sie sagen „der ungläubige Thomas", als wäre das mein Name. Und ich hab schon überlegt, ob ich mir nicht einen Rechtsanwalt nehmen soll, um mich rehabilitieren zu lassen. Einen theologisch gebildeten natürlich, nicht irgendeinen heidnischen Deppen, sondern einen, der auch etwas von Religion und Theologie versteht. Vielleicht sollte ich meine Kollegen sogar wegen Ehrenbeleidigung klagen?

Und dann hab ich noch gehört, dass einige meiner Kollegen ein Buch schreiben wollen. Sie wussten zwar noch nicht, wie sie es nennen sollten, aber sie wollten aufschreiben, was sie erlebt haben. Das hat mich natürlich „elektrisiert" – wie man später einmal sagen wird – und so hab ich mir eine Vorabschrift angesehen, was da über mich steht. Der Kollege Johannes schreibt: „Am Abend desselben ersten Tages der Woche, wo die Jünger versammelt waren, bei verschlossenen Türen, kam Jesus, trat mitten unter sie. Und als er gesprochen hatte, zeigt er ihnen die Hände und die Seitenwunde. Da waren die Jünger froh, als sie den Herrn sahen." Na also, hab ich g'sagt, Jesus selbst kommt, beweist seine Identität: Schaut's her, meine Wunden! Und wenn ich das verlange, dann bin ich der „ungläubig Thomas". Denen gibt er freiwillig, was ich verlangt habe, aber ich habe die schlechte Nachred'. Dann hab ich mir angeschaut, was der Lukas geschrieben hat. Und was lese ich da? Dieselbe Szene – und dann Jesus: „Was seid ihr so erschrocken. Schaut euch doch meine Hände an und meine Füße, ich bin's, fühlt mich doch. Greift mich an, seht, ich bin es!" Und nachdem er ihnen das gesagt hat, zeigt er ihnen Hände und Füße.

Also: Jesus hat den anderen Jüngern gezeigt, was ich verlangt habe. Hätte ausgerechnet ich besser sein sollen als die anderen? Hätte ausgerechnet ich glauben sollen, ohne etwas zu sehen? Nein, ich habe eben auf eine persönliche Begegnung bestanden. Und Jesus, in seiner Menschenfreundlichkeit, hat sie mir gewährt.

Bei dieser neuerlichen Begegnung mit dem Auferstandenen sagt Jesus noch sehr leger zu ihnen: „Ich bin doch kein Gespenst: Ich bin es. Übrigens – Kinder, habt's ihr was zum Essen?" Und die: „Ja, gebratenen Fisch und Honigwaben" – also das „Osternachtessen"!

Und dann funkt es: Beim ungläubigen Petrus, beim ungläubigen Johannes, beim ungläubigen Jakobus usw. Und ich hab' auch alles gesehen und geglaubt, dass Jesus auferstanden ist von den Toten. Seine Wunden hab ich dann gar nicht mehr angreifen brauchen. Ich hab nur im „übertragenen Sinn" den Finger auf den wunden Punkt gelegt. Zugegeben, Jesus hat noch gesagt: „Selig sind, die nicht sehen, und doch glauben." Aber dann ist kein Apostel selig zu nennen. Denn das haben wir alle nicht getan. Ich stehe dazu: Ich will sehen und glauben! Ich, der vernünftige und gläubige Thomas.

Ein Verrückter

Christen und verrückte Geschichten gehören zusammen. Die Bibel ist voller verrückter Geschichten. Denken S' nur an die Auferstehung. Diese Verrücktheit ist natürlich nicht die Freude einer glücklichen Psychiatrie-Partie, sondern die Überzeugung, dass die Menschheit ohne solche verrückte Geschichten nicht leben kann. Denn gerade verrückte Geschichten provozieren dazu, etwas Vernünftiges, etwas Menschliches zu tun. Alles Gute, das längst Wirklichkeit geworden ist, war einmal eine verrückte Idee.

Alphabetische Osterlitanei aus der Geographie

(Alle Geister der Osternacht dürfen mitbeten.)

Für Albanien, dass Frieden in Gerechtigkeit einkehre –
brenne das Feuer von Ostern.

Für Brüssel und alle unnötigen Formulare der EU-Bürokratie –
brenne das Feuer von Ostern.

Für China und die Rechte der Menschen –
brenne das Feuer von Ostern.

Für Deutschfeistritz und die verdrängten Slowenen bei uns –
brenne das Feuer von Ostern.

Für England und die missbrauchten Rinder und geklonten Schafe – brenne das Feuer von Ostern.

Für Flüchtlinge, denen kein Ort mit einem Namen gegeben wird – brenne das Feuer von Ostern.

Für Graz und die Bettler in unseren Städten – brenne das Feuer von Ostern.

Für Himmelberg in Kärnten, dass dort, wo Menschen wohnen, kein Himmelberg zum Höllental wird – brenne das Feuer von Ostern.

Für Island, die Vulkane und Geysire, dass unsere Erde nicht fertig ist wie ein Ding, das so bleiben muss, wie es ist – brenne das Feuer von Ostern.

Für Jerusalem, der Stadt des Konfliktes und des Friedens – brenne das Feuer von Ostern.

Für Liechtenstein, Geschäfte ohne Verbrechen und unschuldige Briefkästen – brenne das Feuer von Ostern.

Für Mayerhofen im Zillertal, den sanften Tourismus und den Aufstand der Bereisten – brenne das Feuer von Ostern.

Für Nigeria und ein Benzin auch von Shell, an dem kein Blut klebt – brenne das Feuer von Ostern.

Für Oberwart in Österreich und die Gerechtigkeit für Opfer und Täter – brenne das Feuer von Ostern.

Für Polen und den Frieden mit und nicht gegen Russland – brenne das Feuer von Ostern.

Für Qantas, alle Airlines und Fluggäste, die heil landen sollen – brenne das Feuer von Ostern.

Für Ruanda und alle arm gemachten Länder – brenne das Feuer von Ostern.

Für Slowakei, Tschechien und Ungarn, für unsere guten Nachbarn und für eine Zukunft ohne Atomstrom – brenne das Feuer von Ostern.

Für Vorarlberg und Wien und den Vorzug, miteinander statt übereinander zu lachen – brenne das Feuer von Ostern.

Für Xingu am Amazonas und Menschen wie Bischof Erwin Kräutler – brenne das Feuer von Ostern.

Für Ybbs und alle Städte, die miteinander verbunden sind – z.B. durch die Donau – brenne das Feuer von Ostern.

Für Zistersdorf, Zürs, das Zillertal, Zwentendorf und den zwanzigsten Bezirk und alle österlichen Menschen –
brenne das Feuer von Ostern.
Amen

5. Vision

Der Nachwächter

Hört ihr Leut' und lasst euch sagen:
Unsre Glock' hat elf geschlagen!
Elf der Jünger blieben treu,
Hilf, dass wir im Tod ohn' Reu!

Menschenwachen kann nichts nützen;
Gott muss wachen, Gott muss schützen.
Herr, durch deine Güt' und Macht
Schenk uns eine gute Nacht!

Maria Magdalena

Der Herr, der hat mein Christum auferweckt,
und mich und andere erschreckt.
Drum sag ich diese Nacht euch an:
Es denke mit, wer denken kann.
Visionen sag ich an,
die Bünker, Karner, Maria Magdalena haben.
So wird die Osternacht euch zu Genuss.
Und nur die Auferstehung ist ein Muss.

Spießer, Huren und Ganoven – am Ostermorgen

Macky Messer

Ganovenlied aus der *Dreigroschenoper*
(Bertolt Brecht/Kurt Weill)

„Und der Haifisch, der hat Zähne,
und die trägt er im Gesicht.
Und Macheath, der hat ein Messer,
doch das Messer sieht man nicht."
usw. usw.

Der Küster

begrüßt die Gäste.
Es gibt Predigten, da fühlt sich niemand betroffen!

Ich kann Sie doch nicht mit „Liebe Spießer, Huren und Ganoven" anreden! Nicht nur, weil ich die Reformierte Stadtkirche unverletzt verlassen möchte – sondern weil's einfach nicht stimmt.
Wer von Ihnen geht denn schon auf den Strich? Wer von Ihnen ist denn schon so ein richtig „schöner evangelischer Spießer" – oder gar ein praktizierender Verbrecher mit entsprechendem Vorstrafenregister?
Ja und dann: Titel wie „Spießer, Huren und Ganoven" haben so gar keinen Glanz. Wenn ich statt Spießer „moralisches Vorbild", und statt Huren „femme fatale" und statt Ganove „Realpolitiker" sagen könnte, das wäre dann schon etwas anderes.
Nein, seine Gäste beleidigt man nicht. Hier sitzt niemand, der sich verkauft. Hier hat niemand seinen Preis. Hier ist niemand unter seinem Wert zu haben. Was nicht heißen soll, dass man uns nur geschenkt bekommt.
Hier sitzt auch niemand mit einer Spießermoral. Hier fragt niemand, was er von seiner Anständigkeit eigentlich hat. Hier sitzt

niemand, die bedauert, wegen Anständigkeit immer die Dumme gewesen zu sein. Hier sitzt niemand, der etwas zu verbergen hätte. Hier weiß niemand etwas mit dem Begriff „Lebenslüge“ anzufangen.
Nein, in evangelischen Gottesdiensten verkehren nur „die besseren Leut’“. Hier hat niemand zu Hause Leichen im Keller. Hier gehören zum Lieblingsoutfit die weiße Weste und die sauberen Hände. Hier hat niemand etwas angestellt. Da findet Präsident Bush eher Massenvernichtungswaffen im Irak, als hier ein bußfertiger Mensch etwas, an dem er schuld sei.
„Lieber Gott, ich danke dir, dass ich kein Spießer, keine Hure, kein Ganove bin.“
Eigentlich schade, denn: Der irdische und der auferstandene Jesus, beide haben sie ein Faible für sie gehabt: die Spießer, Huren und Ganoven.

Biblische Litanei von Spießern, Huren und Ganoven

Frohlocket ihr Chöre der Engel!
Frohlocket ihr himmlischen Scharen!
Lasset die Posaune erschallen,
preiset den Sieger, den erhabenen König!

Inmitten der Nacht
beginnt der neue Tag.

Es kann so finster nicht sein,
dass nicht Licht aufstiege von Gott.

Dies ist die selige Nacht,
in der Christus die Ketten des Todes zerbrach
und aus der Tiefe als Sieger hervor stieg.
Wahrhaftig, umsonst wären wir geboren,
wäre das nicht geschehen.

Wie Orpheus hinabstieg seine Geliebte zu holen
aus dem Reich der Dunkelheit,
so stieg Christus hinab und führte ans Licht,

die im Finstern stehen.
Denn die einen steh'n im Schatten,
und die andern steh'n im Licht.

Der Brudermörder Kain
und Batseba mit dem Ehebruch
mit dem biederen Paulus.

Und dann Jakob, der Gauner,
Mose, der Totschläger,
Rahab, die Hure,
Judith, die Terroristin,
David, der Intrigant.
Petrus, der Verleugner
und der Verräter Judas
treten aus dem Dunkel der Vergangenheit,
treten aus dem Dunkel ihres Lebens
ans Licht der Ostersonne.

Zerfallen sie wie Vampire
zu Asche und Staub?

O glückliche Schuld,
welch großen Erlöser hast du gefunden.
O wahrhaft selige Nacht,
dir allein war es vergönnt die Stunde zu kennen,
in der Christus erstand von den Toten.
Dies ist die Nacht, von der geschrieben steht:
„Die Nacht wird hell wie der Tag,
wie strahlendes Licht wird die Nacht mich umgeben."
Der Glanz dieser heiligen Nacht
nimmt den Frevel hinweg,
reinigt von Schuld,
gibt den Sündern die Unschuld,
den Trauernden Freude.
Weit vertreibt sie den Hass,
sie einigt die Herzen
und beugt die Gewalten.

Pastor criticus Helveticus
spricht über Petrus:

Um die Spießer brauchen sich die Sozialfürsorge und das Arbeitsamt keine Sorgen zu machen. Spießer haben die besten Zukunftsaussichten, dürfen mit Berufserfolg, Wohlstand und einem wohltemperierten Lebensglück rechnen. Und einige Spießer haben es überhaupt zu höchsten Ehren gebracht – wie der Apostel Petrus zum Beispiel. Unvorstellbar denken sich jetzt vielleicht fromme Leute: der heilige Petrus ein Spießer. Wenn er ein Spießer gewesen wäre, hätte man ihn dann zum ersten Papst gemacht? Aber: Könnte es vielleicht sein, dass man nur einen prominenten Spießer posthum zum Papst machen konnte?

Nun, wie hat er denn gelebt, der Herr Petrus? Die Evangelisten haben erst gar nicht versucht, aus seiner Biografie eine Rehabilitierungsgeschichte zu machen. Das haben erst die Heiligenlegenden und die vatikanische Politik geschafft, als er Jesu Heilsweg korrigieren will. Und im Streit mit Paulus entdeckt er die Heuchelei als unentbehrliche Tugend für einen Berufschristen. Nachdem ihn Jesus auf den Berg der Verklärung mitgenommen hatte, entdeckt er den Klerikalismus als die ungefährlichere Konkretion des Glaubens. Er wird eine Kirche bauen, weil er sich vorstellen kann, den Heiligen Geist wie einen Vogel im Käfig zu halten. Seine Frau hat er auch nur kurz verlassen, weil er längst die ideologische Verwendbarkeit „der christlichen Familie“ erkannt hatte. Und das fehlende Martyrium hat ihm die fromme Legende nachgeliefert.

Quo vadis Petrus. Und Petri Antwort: „Ins Petrusamt!“, in eine gesicherte religiöse Existenz. Was früher dem Risiko ausgeliefert war, ist jetzt durch Macht, Geld und Organisation gesichert – sogar die Wahrheit.

Was für ein Gegensatz: am Ostermorgen war er noch ein frommer Naturbursch, und ist um die Wette zum leeren Grab gelaufen.

Und den Protestanten sei ins Stammbuch geschrieben: Nichts ist ökumenischer als das fromme Spießertum!

Zugegeben, als vitaler junger Mann hätte er das Zeug dazu gehabt, ein eindrucksvoller Prophet zu werden. Seine spontane Art und seine Begeisterungsfähigkeit, die ihn immer wieder seine Lebensumstände vergessen ließ, haben ihm Anerkennung und Bewunderung eingebracht. Aber von Anfang an versteht er, seine Ausbrüche aus dem braven Fischerleben zu korrigieren. Ohne ein einschlägiges Wunder wäre er wahrscheinlich Jesus nicht nachgefolgt. Und ein eigens für ihn inszeniertes Wunder hat noch jeden Spießer den Atem der Ewigkeiten spüren lassen – wenigstens für die paar Minuten, in denen er sich für einen erfahrenen Christologen hält und sich alles Jesuanische zutraut. Und er erlebt so lange religiöse Pleiten, bis er sich nicht mehr hinreißen lässt. Er ersäuft beinahe im See Genezareth; er verrät Jesus, ehe der Hahn drei Mal kräht; und er wird von Jesus als Teufel beschimpft, als er für ihn, der „der Weg" ist, einen besseren Weg weiß.

Eigentlich müsste man der römisch-katholischen Kirche zu der großartigen Idee gratulieren, dass sie aus diesem Mann den ersten Papst gemacht hat: Gerade der „fehlbare" Petrus wird Papst, ein biblisch desavouierter Mann. Wenn die römisch-katholische Kirche dann im 19. Jahrhundert den Papst als „unfehlbar" dogmatisiert, hat sie eigentlich einer großen historischen Idee die Pointe geraubt.

Pastor criticus Augsburgensis

spricht über Mutter Maria:

Hätte auch Maria eine bürgerliche Laufbahn einschlagen können?

Das Leben einer Spießerin führen können?

Mit Einbauküche und fester Meinung über die Jugend, die Ausländer, die modernen Künstler.

Fast wäre es ihr ja gelungen.

Stellen wir uns vor:

Gemeinsam mit ihrer Kinderschar macht sie sich auf, um Jesus heimzuholen. Der ist ausgerissen, abgehauen, ab in den Süden

– und irgendwann bleibt er dann dort – weit ist er nicht gekommen, grad bis Kapernaum, ans Seeufer, aber doch weit genug – und dachte nicht dran, heimzukommen und seinen Verpflichtungen für ein anständiges, gesichertes, bürgerliches Leben nachzukommen.
Also wird zuhause die Rückholaktion ausgerufen.
Bitte komm heim, wir verzeihen alles!
Stellen wir uns vor, was aus Maria geworden wäre, wenn sie damals Erfolg gehabt hätten.
Rückholaktion Jesus hat Erfolg gehabt.
Ein Leben in bescheidenem Auskommen.
Man muss halt zufrieden sein.
Können wir uns vorstellen, wie Maria am Sonntag nach dem Essen, zu dem die ganze Kinderschar bei ihr anrücken musste, sie hatte das gerne für alle zu kochen, wenn sie dann ein bisschen Ruhe geben konnte und sich die Lesebrille aufsetzt und zur Sonntagskrone greift und liest, was Wolf Martin dichtet und Günther Nenning meint und wie der Kardinal das Evangelium auslegt.
Viel ist Maria nicht erspart geblieben. Aber ein solches Leben, das ist ihr erspart geblieben, weil die Rückholaktion Jesus keinen Erfolg hatte.
Freilich hat sie es zuerst wohl noch nicht so positiv gesehen:
Die Blamage! Die Schande!
Wer ist meine Mutter? Meine Brüder? Meine Schwestern? So hat er sie abfahren lassen, damals, vor dem völlig überbesetzten Haus. Ja, wer schon! Dass ein Mensch da überhaupt fragen muss? Sagt einem das nicht das Herz? Keine Spur: Die, die den Willen meines Vaters im Himmel tun, die sind für mich Vater, Mutter, Bruder, Schwester.
Die Geschichte von der Rückholaktion Jesu ist nachzulesen bei Markus im 3. Kapitel (Mk 3,20f. 31–35).
Der Heimweg war für Maria bestimmt nicht leicht.
Wie soll's jetzt weitergehen?
Kann sie überhaupt allein für die Kinder sorgen?

Alleinerziehende sind nicht erst heute von Armut bedroht.
Aber es wäre vielleicht Zeit gewesen, etwas dagegen zu tun, seit den 2000 Jahren.
Aber das ist eine andere Geschichte.
Maria ist nicht viel erspart geblieben.
Doch scheint sie irgendwann beschlossen zu haben:
Ich gehöre zu den Jesusleuten.
Sie hat sich nicht gefügt.
Nicht in die Armutsspirale der Alleinerziehenden.
Sie hat den Traum vom Eigenheim und all inklusive Urlaub mit einem fürsorgenden gutverdienenden Gatten an der Seite aufgegeben und begonnen, einen ganz anderen Traum zu träumen, den Traum von der Selbständigkeit der Frauen.
Schneewittchen ist der Zwergenidylle entwachsen. Wartet nicht länger auf den Märchenprinzen. Hat seinen gläsernen Sarg selbst zerbrochen.
Maria ist es erspart geblieben, zur Schutzheiligen aller Tupperparties zu werden.
Der Ostermorgen ist ihr dazwischen gekommen.
Seitdem können wir selbst die ehrbare Muttergottes manchmal beim Tanzen sehen.

Macky Messer

„Und der Haifisch, der hat Zähne,
und die trägt er im Gesicht.
Und Macheath, der hat ein Messer,
doch das Messer sieht man nicht."
usw. usw.

Plötzlich erstrahlt alles in hellem Licht. Papst Barrabas I. tritt mit großem Gefolge auf. Unter festlicher Musik bewegt sich der Zug auf die Barrabas-Kirche in Rom zu. Im Portal der Kirche stehen die 12 Apostel in Kardinalsgewändern. Sie beten Psalm 118 und geleiten Seine Heiligkeit Papst Barrabas I. in den riesigen Dom.

Papst Barrabas I.

Hat die Schweizergarde schon herausgefunden, wo sich der Gegenpapst Petrus versteckt halt?

Das Bild löst sich in Rauch auf. Käfige der Inquisition werden sichtbar.

Pastor criticus Helveticus

Hat's die Kronen Zeitung von Matthäus gelernt, oder Matthäus von der Kronenzeitung, nämlich wie man ein Großereignis schmackhaft für „die kleinen Leute" erzählt. Im tobenden Hexenkessel von Jerusalem geht es um die Erlösung der Menschheit – und auf einmal wird ein kleiner Räuber zum Angelpunkt der ganzen Geschichte. Wen wird der Statthalter Pontius Pilatus dem verhetzten Pöbel freigeben: Jesus oder Barrabas? Pilatus hat ja die Sache recht schlau eingefädelt. Und er rechnet fest damit, dass die Leute den Rabbi Jesus wohl dem Räuber Barrabas vorziehen werden. Wird ein kleiner Ganove den Heilsplan Gottes vereiteln? Aber die Leut', der Pöbel, verhält sich heilsgeschichts-konform und schreit nach der Freilassung des Barrabas. Hat der Evangelist diese kleine Episode nur erfunden? Oder ist die „Raubersg'schicht'" vielleicht doch historisch? Ist der kleine Ganove, der da plötzlich im Zentrum der Passionsgeschichte steht, eine vertane Chance der frühen Christenheit? Das haben sich Autoren von Matthäus bis Pär Lagerkvist gefragt.

Was war das für ein Mensch, Barrabas? War er der leicht vertrottelte Kriminelle, als den ihn der Sadomasochist Mel Gibson in seinem Film darstellt? Ein Dummkopf, der gar nicht begreift, was da rund um ihn und mit ihm geschieht?

Es ist eigentlich erstaunlich, dass nach der Szene bei Pilatus nichts mehr über Barrabas erzählt wird. Hat er einfach seine neue Freiheit genossen und geraubt und gemordet bis zum nächsten Todesurteil? Die kleine Geschichte um den Ganoven

Barrabas und ihr fehlender Schluss samt theologischem Tiefgang frustriert die Nachgeborenen.
Darum wird in meiner Osternachtgeschichte aus dem kleinen Ganoven ein bedeutender christlicher Bischof. Denn er ist ja der einzige Mensch, den Christus erlöst hat, weil er für ihn gestorben ist. Um das zu begreifen, braucht man weder theologisch gebildet zu sein noch sich in der heilsgeschichtlichen Symbolik auszukennen. Jesus ist für Barrabas gestorben – warum steht das eigentlich nicht im Apostolischen Glaubensbekenntnis?
Ja und dann hätte ich mir noch gewünscht, dass ihn die Katholiken heiligsprechen und zum ersten Papst machen. Barrabas steckt tiefer in der Passionsgeschichte als der Verräter Petrus.
Übrigens – am Ostermorgen hat Barrabas wahrscheinlich seinen Rausch ausgeschlafen: Wie sonst hätte ein kleiner Ganove seine Freude ausdrücken sollen?

Hurenlied

aus der *Dreigroschenoper* („*Ja, da muss man sich …*“)

„Einst glaubte ich, als ich noch unschuldig war
Und das war ich einst grad so wie du
Vielleicht kommt auch zu mir einmal einer
Und dann muss ich wissen, was ich tu.
Und wenn er Geld hat
Und wenn er nett ist
Und sein Kragen ist auch werktags rein
Und wenn er weiß, was sich bei einer Dame schickt
Dann sage ich ihm „Nein“.

Da behält man seinen Kopf oben
Und man bleibt ganz allgemein.
Sicher scheint der Mond die ganze Nacht
Sicher wird das Boot am Ufer losgemacht
Aber weiter kann nichts sein.
Ja, da kann man sich doch nicht nur hinlegen

Ja, da muss man kalt und herzlos sein.
Ja, da könnte so viel geschehen
Ach, da gibt's überhaupt nur: Nein."
usw. usw

Pastor criticus Augsburgensis
spricht über Maria Magdalena:

Herzlich willkommen in der moralischen Besserungsanstalt.
Sind wir sich doch einig:
Die Welt steht nicht mehr lange.
Die Werte verfallen. Die Sitten – ein Jammer.
Und die Kirchen?
Liberale Fundamentalistenfresser wie der Herr neben mir verhindern doch seit Jahren, dass hier wieder, endlich wieder die moralisch-sittlichen Nägel auch mit Köpfen gemacht werden. Ach so, entschuldigen Sie, das war vielleicht so kurz nach Karfreitag nicht so passend, das mit den Nägeln. Aber wir verstehen uns, nicht wahr?
Das Bibellesen ist ja meist aller Laster Anfang. Als Dreizehnjähriger – ich mache jetzt eine kleine Beichte – lasen meine Schulkameraden im Religionsunterricht (natürlich unter der Bank) gerne Stellen wie Hesekiel, Kapitel 23, wo in prophetischer Rede Samarien und Jerusalem als Buhlerinnen der Nachbarvölker beschrieben werden, mit allerlei Andeutungen, die für uns sehr aufregend waren. Es wird Sie nicht wundern, dass wir Villacher Gymnasiasten des Jahres 1967 dadurch zumindest für einige Zeit eine sehr altorientalische Vorstellung von dem hatten, was Prostitution genannt wird.
Aber auch die Evangelien sind da nicht ohne: Da wird uns ja berichtet von einer Hure, die zu Jesus kommt (Lukas 7,36–50). Ihr wisst schon, Tränen auf die Füße, abtrocknen mit den Haaren, Küsse und sündhaft teure Salbe (sündhaft ist in Bezug auf die namenlose Hure sehr passend).
Und was macht er? Er vergibt ihr.
Das Erbarmen Gottes gilt dieser Frau.

Die Männer, die die gescheiten Kommentare zur Bibel schreiben, regen sich darüber ziemlich auf:
Sie sagen, dass natürlich vorausgesetzt ist, dass sie von ihrem sündhaften Wesen ablässt.
Dass sie aufhört sich zu prostituieren.
Dass sie einen ehrbaren, anständigen Lebenswandel einschlägt, dann kann ihr Gott vergeben.
Willkommen in der Besserungsanstalt!
Nichts davon trifft zu.
Denn alles würde ja voraussetzen, dass sie sich entscheiden konnte. – Konnte sie aber nicht.
Unzählige Frauen waren zur Prostitution gezwungen. Manchmal schon die kleinen Mädchen in die Prostitution verkauft, Findelkinder, Sklavinnen, auch Sklaven, männliche.
Innergaliläischer Mädchen- und Frauenhandel wie heute zwischen Moldawien und Berlin.
Israel war besetztes Land.
Es ist nahe liegend, dass eher jüdische Frauen sich für die römischen Soldaten prostituierten als dass jüdische Männer in die Bordelle gingen.
Bordelle hat es übrigens zurzeit Jesu gegeben im heiligen Land.
Im Talmud steht:
Ein Eseltreiber vermietet seinen Esel an eine Frau. Unterwegs fängt sie zu weinen an. Er spricht zu ihr:
Was ist dir? Sie antwortet: Mein Mann ist gefangen genommen, und ich will sehen, was zu tun ist, um ihn loszukaufen. Daraufhin verkauft er seinen Esel und gibt ihr den Erlös mit den Worten: Das ist dein, kaufe deinen Mann los und sündige nicht (Taan. 1, 64b, 41 bei Billerbeck II 162).
Jesus war nicht der erste und nicht der einzige, der Verständnis für die Not der Frauen hatte.
Fällt Ihnen auf, wie oft „erlösen" in der Geschichte vorkommt?
Wir bekommen eine Ahnung, was damit gemeint ist, wenn es heißt, dass uns Jesus erlöst hat aus der Sklaverei der Sünde und von der Prostitution an die Mächte der Welt.

Na, ist ja auch kein Wunder bei einem, der selber solche Frauen mit zweifelhaftem Ruf unter seinen Vorfahren hatte, wie Matthäus berichtet (Matth. 1,5; Jos 2,1ff: Rahab).
Ist die Umkehr aus dem falschen Leben die Voraussetzung der Vergebung, die Bedingung, oder die Folge? Die Antwort Jesu durch sein Verhalten ist ganz eindeutig: Die Barmherzigkeit Gottes ist bedingungslos. Die Barmherzigkeit Gottes setzt sich über alle moralischen, sittlichen, gesellschaftlichen Standards und Vorstellungen hinweg, sie pfeift auf die Werte.
Der Ostermorgen bestätigt es.
Am Ostermorgen pfeift die Barmherzigkeit Gottes sogar auf den Tod.

Maria Magdalena

Ich hab es satt! Wer befreit mich endlich von meiner blödsinnigen „Mozartkugel"? Entweder man erzählt von mir, ich sei eine Hure gewesen – woher haben das die Leute eigentlich authentisch?
Oder irgendwelche komische apokryphe Christen dichten mir ein Verhältnis mit Jesus an. Oder wissen sogar zu „berichten", dass Jesus mich geheiratet hätte. Und die Damen und Herren Evangelikalen stört scheint's gar nicht, dass ein gewisser Herr Paulus, der alte Macho, mich bei seiner Liste, wem der Auferstandene erschienen ist, einfach „vergessen" hat – obwohl das jedes Schulkind bei den Evangelisten nachlesen kann.
Ja, und dass ich, gerade weil mir der Auferstandene als einer der Ersten erschienen ist, eine wichtige Funktion in der Urgemeinde gehabt habe – das wissen offensichtlich nur die theologischen Feministinnen.
Es wäre schön, wenn mich diese Osternacht rehabilitieren könnte. Gebt doch meiner Mozartkugel endlich einen Tritt.

Beide Pastoren singen

Das Lied von der Unzulänglichkeit menschlichen Strebens

aus der *Dreigroschenoper*

„Der Mensch lebt durch den Kopf
Der Kopf reicht ihm nicht aus
Versuch es nur, von deinem Kopf
Lebt höchstens eine Laus.
Denn für dieses Leben
Ist der Mensch nicht schlau genug.
Niemals merkt er eben
Allen Lug und Trug."
usw. usw.

Gebet für Spießer, Huren und Ganoven

(Alle Geister der Osternacht dürfen mitbeten.)

Lasst uns beten für Spießer, Huren und Ganoven
und alle, die eine kräftige Bitte brauchen können.

Gott, dass du Jesus nicht im Grab lassen konntest!
So ist alles durcheinander geraten.
Gut und böse, rechts und links,
Mann und Frau, Grieche und Jude, Sklave und Freier,
anstößig und anständig.
Kein Respekt,
die Buben verlernen den Diener,
die Mäderln knicksen nicht mehr ein.
Selbst das Leben steht aufrecht vor dem Tod.

Deine Ostersonne geht auf über Unkraut und Weizen!

Wir bitten dich für Feinde und Hasser.
Dass auch den Feinden Liebe begegne,
den Hassern Versöhnung.
Im Besonderen bitten wir dich
für die Ausländerfeinde und die Judenhasser,
lass' ihnen deine Ostersonne leuchten,

dass ihre Feindschaft zu Asche
und ihr Hass zu Staub zerfalle.

Gott, wir bitten dich für alle Damen und Herren,
dass Mann und Frau einander gerecht werden.
Besonders heute bitten wir
für Anstandsdamen und Anstandsherren,
die sich erregen über das Leben anderer,
ihre Kunst, ihre Bilder, ihre Theaterstücke.
Lass' ihnen deine Ostersonne leuchten,
dass sie die Menschen in deinem Licht sehen.

Wir bitten dich für deine Apostel und Apostelinnen,
dass die Osterbotschaft nicht verstummt.
Wir bitten dich besonders für die Moralapostel und
Moralapostelinnen,
die den Menschen die Herzen schwer machen
und sonst alles lassen wie es ist.
Lass' ihnen die Ostersonne leuchten!

Wir bitten dich für alle, die Recht zu sprechen haben,
Richterinnen und Richter.
Besonders heute für Sittenrichterinnen und -richter.
Ihr Kodex ist aus Stein,
das Steinigen ist ihr Metier.
Gib, dass sie die scharfe selbstgezogene Trennlinie zwischen
Gut und Schlecht nicht mehr erkennen.
Lass' ihnen die Ostersonne leuchten,
dass sie alle Menschen in deinem Licht sehen.

Gott, verhindere, dass denen, die sich selbst für anständig
halten, das letzte Wort bleibt.
Das letzte Wort über uns und diese Welt
soll immer deines sein.
Ein Wort des Vertrauens,
des Erbarmens, des Aufstandes gegen den Tod.

6. Vision

Der Nachwächter

Hört ihr Leut' und lasst euch sagen:
Unsre Glock' hat zwölf geschlagen!
Zwölf, das ist das Ziel der Zeit,
Mensch bedenk der Ewigkeit!

Menschenwachen kann nichts nützen;
Gott muss wachen, Gott muss schützen.
Herr, durch deine Güt' und Macht
Schenk uns eine gute Nacht!

Maria Magdalena

Der Herr, der hat mein Christum auferweckt,
und mich und andere erschreckt.
Drum sag ich diese Nacht euch an:
Es denke mit, wer denken kann.
Visionen sag ich an,
die Bünker, Karner, Maria Magdalena haben.
So wird die Osternacht euch zu Genuss.
Und nur die Auferstehung ist ein Muss.

Die Auferstehung und die Nackten

Gesang der nackten Geister im Abendnebel

Choral

(Melodie: „Valet will ich dir geben")

Wie soll ich dich empfangen,
der du erstanden bist?
Bist nackt am Kreuz gehangen,
lässt ahnen, wie Gott ist.
Das Kleid, das du getragen,
war kein Gewand der Macht.
Du stellst dich unsern Fragen
in eines Gärtners Tracht.

Wie werd' ich mich bekleiden
am großen Ostertag?
Kein Samt und keine Seiden
mir dafür passen mag.
Talare nicht, noch Roben,
weg jede Kleidernorm,
die unten kennt und oben,
weg jede Uniform!

Ich will nun nackend gehen,
grad' so wie Gott mich schuf.
Nichts Äußerliches sehen,
ganz Ohr sein für den Ruf,
der auferstehen mich heißet,
der meinen Namen nennt,
so dass es sich erweiset,
dass Gott mich ewig kennt.

Ein heimlich politisch engagierter evangelischer Pfarrer, der in der Osternacht sein Grab verlassen durfte, tut, was er sich bei Lebezeiten aus Angst vor seinem Superintendenten nie getraut hätte: Für jedes Kleidungsstück, das er auszieht, spricht er ein kleines Gebet.

Ein „teilzeitauferstandener" evangelischer Pfarrer.

Litanei zum Ausziehen

Den Hut.
Ziehe ich vom Kopf.
Nie soll ein Helm draus werden!
Will mit bloßem Haupt den aufrechten Gang üben.
Gott hat mich neu gemacht,
ich lege ab den alten Menschen.

Den Mantel.
Ich lege ihn ab.
Mich wärmt mehr die Solidarität mit anderen.
Gott hat mich neu gemacht,
ich lege ab den alten Menschen.

Die Handschuhe.
Ziehe ich von den Händen.
Die Berührung und das Berührtwerden sind Fingerübungen in die Nachfolge Jesu.
Gott hat mich neu gemacht,
ich lege ab den alten Menschen.

Den Schal.
Streife ich ab.
Auch in der Kälte der Welt wird die Stimme nicht versagen,
laut sein und schreien, wenn es sein muss.
Gott hat mich neu gemacht,
ich lege ab den alten Menschen.

Die Schuhe.
Ausgezogen.

Den Boden unter den Füßen zu spüren,
den Standpunkt zu finden.
Gott hat mich neu gemacht,
ich lege ab den alten Menschen.

Das Sakko.
Ich lege es ab.
Keine alltägliche Kleidungskonvention mehr.
Befreie mich davon,
den Verheißungen der Konsum- und Spaßgesellschaft
zu glauben.
Gott hat mich neu gemacht,
ich lege ab den alten Menschen.

Die Krawatte.
Der Knoten muss gelöst werden.
Ich entbinde mich selbst.
Werde neugeboren zur Mitarbeit an Gottes Werk.
Gott hat mich neu gemacht,
ich lege ab den alten Menschen.

Die Hose.
Wer sie anhat, hat das Sagen.
Ich schlüpfe heraus.
Will nicht das Sagen haben,
sondern hören auf die fremde Stimme Gottes.
Gott hat mich neu gemacht,
ich lege ab den alten Menschen.

Das Hemd.
Ich ziehe es aus.
Nun ist es nicht mehr näher als der Rock.
Die Eigeninteressen haben nicht das letzte Wort.
Gott hat mich neu gemacht,
ich lege ab den alten Menschen.

Die Socken.
Ich streife sie ab.

Bin ein Barfüßer geworden,
ein Bettelmönch und Arme-Leute-Kind.
Entdecke, dass ich mitfühlen kann.
Gott hat mich neu gemacht,
ich lege ab den alten Menschen.

Die Unterwäsche.
Sie fällt,
sie wird mir genommen
Bei der Musterung
Bei der Einlieferung ins Gefängnis
Im Operationssaal
Gegen meinen Willen.
Selbst reiße ich sie mir vom Leib nur aus Leidenschaft.
Aus großer Wut.
Und Liebe.
Gott hat mich neu gemacht,
ich lege ab den alten Menschen.

Ein alter Wassermann begrüßt die Menschen, die in der Osternacht unterwegs sind. Menschen voller Erwartung und Sehnsucht – aber ohne Vorstellung, was sie erwarten könnte.

Ein alter Wassermann

Meine lieben Besucher in dieser geheimnisvollen Osternacht. Am liebsten hätten wir Sie ja gebeten, nackt zu kommen, aber da hatte sogar das kritische Predigerduo Hemmungen. Ich weiß ja, dass bei der Auferstehung alle nackt sein werden. Nackt werden wir geboren und nackt werden wir auferstehen. Wir werden alle wunderschön sein und strahlen mit dem neuen Leib, den uns der gütige Gott schenken wird. Schon jetzt erleben wir ja die vielen kleinen Auferstehungen. Aber am nächsten sind wir der einen, großen Auferstehung, wenn wir nackt beieinander liegen und strahlen von all den Herrlichkeiten die wir miteinander erleben. Zum Unterschied von den alten Aposteln und komischen Kirchenvätern glaube ich nicht, dass wir eine Zukunft als gefühlsneutrale Engelwesen vor uns haben. Und zum Unterschied von den braven Calvinisten glaube ich auch nicht, dass wir nur auferstehen werden, um an einem „Endlosgottesdienst" teilzunehmen. Gott wird uns auch nicht in strahlender Nacktheit auferwecken, um uns dann gleich irgendein himmlisches Hoserl in Blau oder ein himmlisches Hemderl in Rosa anzuziehen.

Die nächtliche Luft ist plötzlich von Musik aus der Zeit erfüllt, als die opportunistische Werkgerechtigkeit auch das gute Benehmen in ihren Fundus aufnahm. Die Stimme von „Elmayer Biblicus" erklingt hinter einem barock zurechtgestutzten Strauch. Er lässt einen Schüler und eine Schülerin ein Lehrgespräch führen.

ER: Jessas, Schatz, ich weiß nicht, was ich anziehen soll. Bei einer Auferstehung war ich noch nie!
SIE: Steht auf der Einladung nix drauf? Kein Dresscode?
ER: Nicht ein Wort. Nur: Einladung zur allgemeinen Auferstehungsfeier am Tag des Herrn, mit Überraschungsgast – wer kann denn das sein? – Ort und Zeit.
SIE: Dass d' halt nur nicht overdressed bist, wie letztes Mal bei der Hochzeit.
ER: Na, ihr Frauen habt's es ja leicht. „Damen sind immer richtig gekleidet!", heißt es bei Elmayer. Glaubst, ich soll ein'n Smoking nehmen?
SIE: Aber nein, Smoking geht erst nach 17 Uhr! Auferstehung ist ja in der Früh!
ER: Aber Freizeit ist es auch nicht grad.
SIE: Dass d' mich nur nicht blamierst!
ER: Na gut, dann geh ich halt geschäftsmäßig. Das passt immer, graue Hose, dunkelblauer Blazer. Elmayer sagt: Elegant ist, was nicht auffällt.
SIE: Dann könntest du genauso gut auch nackert gehen.

Im Hintergrund verklingt das „Menuett à la Knigge".

Jesus, der für viele Überraschungen gut war, nähert sich den Jüngern, ohne dass sie damit rechnen könnten. Er ist ja vorher auch schon durch geschlossene Türen gegangen. Alles das Zeichen der besonderen Macht, die ihm als Auferstandenem zugewachsen sind, und Dinge, die wir Irdischen nicht nachmachen sollen, auch wenn wir Landessuperintenden sind. Petrus, so hören wir, arbeitete nackt. Eigentlich müssten wir ja erwarten, dass es umgekehrt ist. Dass er sich auszieht, bevor er sich in den See wirft. Aber nein, es ist genau anders herum. Er zieht sich etwas an. Das Obergewand, wie es heißt, ohne das Obergewand, so habe ich gelesen, zeigte man sich damals nicht in der Öffentlichkeit. Also ist Petrus der erste, der den gesellschaftlichen Dresscode auf die Begegnung mit dem Auferstandenen ausweitet. Denn die Befürchtung, bei der überraschenden Begegnung mit dem auferstandenen Jesus gerade nicht richtig passend angezogen zu sein, die könnte einiges auslösen.

Angeblich soll es ja eine Schrift geben aus dem späten 18. Jahrhundert mit dem Titel: „Gottselige Ratschläge, wie sich der Christenmensch samt seinem frommen, getreuen Weibe zur Auferstehung kleiden soll.“ Die Schrift ist leider verloren gegangen. Aber es stimmt die Zeit, denn 1793 beginnen die Sorgen mit dem passenden Anziehen. Da hat ein König eine schlechte Idee. Von vielen schlechten Ideen, die Könige hatten, hatte Friedrich Willhelm II. auf der Kurpromenade von Bad Grümond eine besonders schlechte: Er macht die lange Herrenhose hoffähig. Und seitdem hat sich im Grunde, an der Art, wie sich der Herr kleidet, nichts geändert. Es geht aber auch um das, was wir bei unserer eigenen Auferstehung anhaben werden. Erinnern Sie sich daran, was Paulus im 1. Korintherbrief schreibt: Dieses Verwesliche muss die Unverweslichkeit anziehen, das Sterbliche muss die Unsterblichkeit anziehen. Gut, ja. Aber wie sieht das aus? Was ist das? Auf alten Darstellungen des Jüngsten Gerichts sieht man, dass die Toten allesamt nackt aus den Gräbern kommen. Die Verdammten gehen zur Hölle oder werden dorthin getrieben, bleiben nackt. Die Seligen aber ziehen ein ins himmlische Jerusalem und werden von den Engeln empfangen, ja wahrscheinlich auch bekleidet. Denn die große Schar aus allen Völkern, so sieht es der Seher Johannes in der Offenbarung, die große Schar aus allen Völkern ist angetan mit weißen Kleidern. Somit steht zumindest eines fest: das himmlische Jerusalem, das Paradies ist keine Donauinsel, kein FKK-Badestrand.

Pastor criticus Helveticus

Zu jener Zeit sprach Jahwe durch Jesaja: Geh, löse den Sack von deinen Hüften, zieh deine Schuhe aus von deinen Füßen. Das tat er so und ging nackt und barfuss einher. Da sprach Jahwe: Wie mein Knecht Jesaja nackt und barfuss einhergegangen ist drei Jahre lang als Zeichen und Mahnwort über Ägypten und Kusch, so wird der König von Assur die Gefangenen aus Ägypten und die Deportierten aus Kusch wegführen, Junge und Alte, nackt und barfuss und mit nacktem Hintern. Da entsetzen und schämen sie sich wegen ihrer Hoffnung und wegen Ägypten ...

Es ist ja in gewisser Weise lustig, über den nackerten Jesaja im Talar zu predigen. Übrigens hat ein bekannter Fernsehmoderator, Dieter Moor, die Nacktheit ein „legitimes Kostüm" genannt. Also Adamskostüm und Evaskostüm legitim, aber vielleicht auch ein Hauch von Antikostüm. Wobei das Wort „nackt" einem ja heute schon leicht über die Zunge geht. Nicht so im 19. Jahrhundert. Und da steht in den Bibelübersetzungen, da ist das 19. Jahrhundert noch nicht beendet, da steht immer noch „entblößt". Also dort, wo ich jetzt in meiner Übersetzung gelesen habe „mit nacktem Hintern", steht natürlich „mit entblößtem Gesäß". Das dort vielleicht „Oarsch" stünde – unvorstellbar! Hier zeigt sich schon ein altes Dilemma: Nackt und fromm passt, scheint's, nicht zusammen. Für viele eher eine Alternative: nackt oder fromm. Und eine bestimmte christliche

Tradition hat ja auch die Nacktheit prompt verteufelt bis in die Gegenwart. Als ob Gott nur den Menschen geschaffen hätte, und als wäre dann der Teufel nachgekommen und hätte Mann und Frau die Geschlechtsorgane eingeschraubt. Für Puritaner eine großartige Vorstellung, da ja alle diese Schweinereien überhaupt nur zu legitimieren sind durch einen Zeugungsakt. Da hamma's: Zuchtbulle – versteht sich. So wäre es doch wunderschön, wenn man diese Organe im Tresor aufbewahren könnte und nur zum legitimen Gebrauch freigäbe. Aber nicht so. Wir haben einen guten Gott, der hat eben nicht Menschen geschaffen, sondern Mann und Frau. Und was die so alles miteinander treiben können, war wohl seine Idee. Und das war, wie Sie hier als Zeugen wohl bestätigen können, eine sehr gute Idee. Adam und Eva im Paradies erleben Liebe und Lust, wenn auch vielleicht in aller Naivität. Aber Theologie und Kirche haben sich damit sehr schwer getan. Ich möchte jetzt ein Problem erwähnen, mit dem Sie vielleicht weniger zu tun gehabt haben bis jetzt. Nämlich das Spezialproblem des Nabels. Damit hatten sich orthodoxe Mönche beschäftigt. Sie haben sich nämlich überlegt, ob Adam und Eva überhaupt einen Nabel gehabt haben, und wenn, warum nicht. Und so hat es eine eigene Synode gegeben, wo das Nabelproblem behandelt wurde. Man könnte direkt neidig werden. Alle Leute, die in kirchlichen Gremien sitzen, klagen immer, dass dort immer über Geld geredet wird. Nicht so in dieser Synode, da wurde über den Nabel gesprochen. Endergebnis: Die Konservativen haben gesagt: Kein Nabel, aber ein Heiligenschein für Adam und Eva. Die Progressiven: Ein Nabel, aber kein Heiligenschein. Warum, überlasse ich Ihnen zu interpretieren. Nur ein französischer Künstler hat die Nabelfrage ganz einfach gelöst: Er lässt nämlich Gott mit dem Finger einen Nabel hineinbohren in Adams Bauch.

Aber nicht nur Theologie und Kirche, auch die Frömmigkeit und die Künste haben es nicht geschafft, und oft schauen Bilder von Paradiesen steril, unerotisch und infantil aus. Aber nicht nur die frommen Spießer haben Probleme mit der Nacktheit,

sondern auch die Bohemiens. Wie Sie aus dem bekannten Lied „Jö schau" unschwer ersehen können, das im ersten Teil ausgesprochen spießig ist: „Ana ruaft: a Wahnsinn, gebt's eam was zum Anziagn. Doch sei Freindin mahnt: Geh fesch, endlich ana ohne Wäsch." Und dann der Refrain: „Jö schau, so a Sau, Jessas na, wos mocht a Nockata im Hawelka." Das ist gut spießig. „Der Ober Fritz sagt: Wir sind hier ein Stadtcafé, und was Sie da machen ist eine Schweinerei. A oida Schauspüler mant wiederum: Aber geh', i find gar nix dabei. Da sagt der Nockate: Moment, Moment, Sie wissen wohl nicht wer ich bin. Auch wann mi kana kennt, i bin sehr prominent als der eleganteste Flitzer von Wien." Und dann heißt es plötzlich: „Geh wui, also pfui, andrerseits, a so a Nockata hat a sein Reiz. Moch ma hoit a Ausnahm, san ma heit net grausam, weil ein Bohemianlokal pfeift auf Spießbürgermoral." Im letzten Satz der letzten Strophe. Also schimpf ma net so viel auf die Mutter Kirche.
Jesajas Happening – eine wilde Geschichte, kommt natürlich nicht im Religionsunterricht vor, wird auch kaum gepredigt. Drei Jahre lang geht er nackert durch Jerusalem, um dort mit diesem Happening etwas zu erreichen. Und es ist nicht nur der Jammer der Übersetzungen, auch der Jammer der biblischen Kommentare. Ich habe mir einige Kommentare angeschaut, sie haben alle ein ganz großes Problem: War Jesaja wirklich nackt? Hat er nicht wenigstens einen prophetischen Slip getragen? Und dann trösten sie mich damit: Aber, na ja, aber eigentlich hat ihm ja Gott gesagt, er soll das machen. Ist das dann eine göttliche Schweinerei, oder wie soll man das eigentlich sehen? Packen wir die ganze Peinlichkeit von Jesajas Tun in göttlichen Auftrag. Hat denn Gott gar keine Manieren? Wir leben heute in einer Zeit, die gerne schamlos genannt wird. Ist sie gar nicht. Scham ist höchstens ein großes Tabu. Nacktheit schockiert noch immer, allerdings: Es kommt darauf an, wer sich auszieht. Es gibt Leute, die können sich ausziehen, kein Mensch denkt sich was dabei. Aber es gäb' schon welche, da wäre das durchaus ein Aufsehen. Ich denke, wie, vor zwanzig Jahren ungefähr, die Stadträtin Gertrude Fröhlich-Sandner Bilder von Hundertwas-

ser präsentiert hat, und dann hat sich der Kerl plötzlich ausgezogen Ein Riesenkrawall und sie hat nachher nur kommentiert: „Wann er mir wenigstens was g'sagt hätt' vorher, dann wär's halb so schlimm gewesen."

Und auch Dieter Moor, der schon erwähnte Moderator, der sich einmal im Fernsehsender VOX ausgezogen hat, zu dem Riesenecho auf sein Happening: „Zehn Jahre lang war ich geistreich, originell, kreativ ... das interessiert kein Schwein. Einmal war ich nackert, und jetzt hab ich Karriere gemacht."

Jesaia will darauf hinweisen, wohin eine politische Packelei führt, nämlich dass die, die das machen, als Gefangene und Deportierte nackt weggeführt werden. Die Demonstranten sind nackt, um damit auf das Ausgeliefertsein hinzuweisen, auf die Verletzlichkeit derer, auf die niemand sonst schaut. Und das ist nicht etwa ein biblischer Ausnahmefall. Auch der Prophet Ezechiel wird aufgefordert: Sammle dir – und die modernen Körndlfresser werden sich freuen, wenn sie den Text lesen, da werden alle Körndln aufgezählt, die man sammeln soll, und dann heißt es wieder sehr vornehm: Und backe dir daraus Kuchen auf Fladen von Menschenkot. Das ist nun ein Wort, das ich erst durch die Bibel kennen gelernt haben, ich hab bisher immer geglaubt, das heißt „Scheiße", aber das kann nicht in der Bibel stehen. Und immer wieder geschehen solche Sache. Sagen wir jetzt: Na ja, Altes Testament! Bin ich sicher, sind wir sicher, dass Gott von uns keine schockierenden Happenings verlangen könnte? Was werden Sie tun, wenn Sie seine Stimme hören? Oder sind Sie ganz sicher, dass er nie zu ihnen über solche Schweinereien sprechen wird?

Pastor criticus Augsburgensis

Wir haben's nicht leicht mit den Nackerten. Bitte werfen Sie einen Blick in die Krone von morgen. Sie ist wie immer: Wolf Martin auf Seite zwei, jeden Sonntag Christianus, Cato gibt einen Kommentar, DDr. Nenning eine Glosse, aber es fehlt die Nackte. Eine vornehme Zurückhaltung zur heiligen Osterzeit, dafür ein zweiseitiges Interview mit Kardinal König und ein Bericht über das Bibellesen, das derzeit boomt. Wahrscheinlich aber nicht die Stellen, die wir jetzt eben gehört haben. Anstößig in der Krone ist für mich meistens etwas anderes. Anstößig – was ist das? Die ersten Bilder von Nackten, so habe ich mich belehren lassen, sind rund um das Jahr 720 vor Christus in Griechenland auf Vasen gemalt worden. Das waren Wagenlenker, Krieger, Sportler, die alle Hüllen fallen ließen. Sieger gehen nackt. Das muss man sich einmal vorstellen, jetzt Pressekonferenz nach dem Irakkrieg. Heute tragen Sieger Geschäftsuniformen. Eine Form des Abendlandes, mit der Nacktheit umzugehen, war zu sagen: Das Nackte ist natürlich. Bekleidet ist unnatürlich. Um die Wende zum 20. Jahrhundert predigen die Pioniere der Nacktkultur, die später Freikörperkultur genannt wird, ich zitiere: Du sollst den Menschenkörper nicht in Kleider vergraben, sondern unverhüllt am hellen Sonnenlicht freuen lassen. Das war ungefähr zur selben Zeit, wo die Polizei in Berlin aus den Schaufenstern Reproduktionen von Rubens- und Tizian-Gemälden beschlagnahmt hat, wegen Pornografie. So sehr kann das innerhalb derselben Zeit unterschiedlich aufgefasst werden. Aber es steckt natürlich im Wort für nackt die Gymnastik, die Ertüchtigung, der Kult der natürlichen, gesunden Lebensweise. Und daraus wurde eben FKK. Bei uns in Wien bekannt durch Florian Berndl, den Propheten vom Bisamberg, und das Gänsehäufel. Eine revolutionäre, proletarische Bewegung, ja auch wilde Nackerte, aber wie so vieles, das natürlich, gesund und tüchtig sein will, auch anfällig für den Faschismus. Aus dem ganzen bunten Blumenstrauß der Nackerten ist nach 1933 nur der „Bund für Leibeszucht" übrig geblieben. Schrecklich. Ihm huldigte die SS besonders gern, bis zum Frühjahr 1945. Heute, so steht auf der Homepage der Nackerten, hat FKK alles Skandalöse verloren. Schade drum. Die unverhüllte Nacktheit auf den unzähligen Bildern hat ihre Folgen für uns alle. Sie zerstört jede Erotik. Sie macht uns zu Voyeuren und Voyeurinnen, zu Zuschauenden. Und zu solchen, die unendlich darüber reden wie die, die in den Talk-

shows sich über alles Mögliche unterhalten können, den ganzen lieben Tag lang. Zuschauen und darüber reden, das ist unsere Art, in der Welt zu sein.
Nacktheit ist immer ambivalent. Das griechische Wort Gynotes bedeutet Nacktheit, aber auch Dürftigkeit. Und nirgends begegnen uns so viele Nackerte wie rund um Kreuzigung und Auferstehung. Berühmt zum Beispiel die Szene bei der Verhaftung Jesu im Garten Gethsemane, wo es im Markusevangelium heißt: „Ein junger Mann aber folgte ihm nach, der war mit einem Leinengewand bekleidet auf der bloßen Haut, und sie griffen nach ihm. Er aber ließ das Gewand fahren und floh nackt davon.“ Wir wissen bis heute nicht, wer das war. Hat sich hier der Evangelist selbst ein kleines Denkmal gesetzt? Wer soll dieser junge Mann gewesen sein? Berühmt auch das Aus- und Anziehen Jesu zur Verspottung und Folter. Und schließlich das Würfelspiel der Soldaten des Exekutionskommandos unter dem Kreuz um die Kleider des zum Tod Verurteilten. „Und sie kreuzigten ihn und teilten seine Kleider und warfen das Los, wer was bekommen sollte.“ Nicht einmal die nackte Haut konnte Jesus retten. Nacktheit, also auch eine Form der Erniedrigung und Demütigung. Ich war nackt und ihr habt mich bekleidet. So sagt der Endzeitliche Richter und spricht damit eines der Werke der Barmherzigkeit an. Hungrige satt machen, Kranke und Gefangene besuchen, Obdachlose beherbergen und eben die Nackten bekleiden. Denn das ist der eigentliche Skandal. Die Armut und Bedürftigkeit, die sich darin zeigt. Gott sieht es, schreibt der Prophet, er sieht es, und es missfällt ihm. Und wenn niemand etwas dagegen tun will, dann wird der Herr selbst sich anziehen und sich kleiden in Gerechtigkeit.

Pastor criticus Helveticus

Und Gott der Herr macht Adam und seiner Frau Röcke vom Fell und zog sie ihnen an. Nicht etwa, weil Gott gschamig wäre und die beiden unbedingt anziehen möchte, sondern er will seine Menschenkinder schützen. Und so eine Art Schutzfunktion hat ja auch das Schamgefühl als leibseelisches Phänomen. Auch der Kleideraspekt gehört dazu, aber er ist nur ein Teil davon. Und er hat, wenn wir zurückdenken, Schreckliches angestellt. Er hat das Christentum im Grund genommen moralisch geschädigt. Das Schamgefühl, ich spreche jetzt meine Generation an, wir haben ja diesen angeblichen Befreiungsakt miterlebt, er war im deutschen Film ein Quadratzentimeter-Problem. In jedem Film hat man ein bisserl mehr Haut gesehen. Ich erinnere mich, Sie sehen wie stark der Eindruck war, an einen französischen Film mit Mylène Demongeot, eine tolle Blondine. Und in ganz Wien wurde erzählt, wenn man in diesen Film geht, dann sieht man einen nackten Busen. Wenn man damals, das haben viele Fachleute gesagt, einfach g'sagt hätte: Zeigt's, was ihr wollt's, und wen das stört, der soll nicht hineingehen – dann hätte es keine Sexwelle gegeben. Aber diese Quadratzentimeter-Methode hat dafür gesorgt, dass die Sexwelle jahrelang gedauert hat. Und Moral ist zwischen Prüderie und Koketterie degeneriert.

Man unterschätze nicht die versteckte Geilheit in der Prüderie der Puritaner. Sie hat schließlich und endlich den Striptease erfunden. Striptease ist eine Erfindung frommer Leute. Das sollte man nicht vergessen. Und ich sage ganz ungeniert: Das Feigenblatt als Kleidung ist obszön. Und es ist auch nicht biblisch, denn bevor Gott den beiden eine Fellkleidung macht, heißt es: Sie haben sich aus Feigenblättern Schurze gemacht. Aber diese neckische Geschichte mit dem einen Feigenblatt, wo kein Mensch weiß, wieso das nicht runterfällt, ist das vielleicht anpickt worden?

Die Fortsetzung dieser Debatte: Was darf man zeigen von einem Menschen und was nicht, hat sich dann natürlich sehr zugespitzt in der Frage, wie man Jesus darstellt. Den gekreuzigten und den auferstandenen. Schon im 5. Jahrhundert hat es einen Skandal gegeben, weil ein Kruzifixus nackt dargestellt worden ist. Vor einigen Jahren, 1993, wurde in Innsbruck ein Gemälde gezeigt, mit einem gekreuzigten Frosch. Damit wollte man hinweisen auf das große Tiersterben in unserer Zeit. Riesenkrawall, einer meiner Freunde, Peter Jonas, hat das dann so formuliert: „Ein gekreuzigter Frosch regt die Tiroler auf, ein gekreuzigter Jesus nicht." Ähnlich ein nackter Kruzifixus auf einer Tiroler Brücke. Empörung des gesunden Volksempfindens, das kenn ma doch von wo ... kreuzigen ja – aber bitte moralisch. Wo kämen wir da hin, wenn man bei dem Gekreuzigten die Geschlechtsorgane sieht? Auch im KZ hat gefälligst eine gewisse Schamhaftigkeit und Schamgrenze zu herrschen.

Jetzt, vor Kurzem, eine Ausstellung in Berlin, wieder ein Skandal, in einer Kirchenzeitung groß zu lesen. Der nackte Christus. Ein Maler sieht die Auferstehung neu und provoziert. Er malt ein Altarbild mit einem nackten Auferstandenen. Wie stellt er ihn dar: jung, sichtbar ein Mann, ein attraktiver noch dazu, ein erotischer Mann, ein Mann, der so manche fromme Seele etwas durcheinander bringen könnte. Nach einer alten Tradition hält er allerdings eine Fahnenstange in der Hand, von der man nicht recht weiß warum, aber er hält sie, und hinter ihm flattert ein Leichentuch. Aber es flattert ganz ungeniert lustig im Wind und denkt gar nicht daran, irgendwelche jesuanischen Glieder zu bedecken oder zu verstecken. Das ist Pornografie, hat sich eine Wiener Dirigentenwitwe empört, die Sie alle aus den „Seitenblicken" kennen. Die Kuratorin der Ausstellung fragt: „Sind Menschen tatsächlich durch einen splitterfasernackten Jesus zu beeindrucken? Gar in ihren Gefühlen zu beleidigen, wo wir heute umgeben sind vom allgegenwärtigen Anblick aufgeblasener Brüste und nackter Hintern, von der Reklame und diversen Fernsehshows?" Fromme Leute kriegen hier leicht religiöse Krämpfe. Darf Christus so nackt sein? Hätte nicht ein angedeutetes Schwanzerl genügt? Nein, sagen die Kritiker, das nach jüdischem Ritus beschnittene Glied muss im Mittelpunkt aller Schnittachsen des Bildes liegen, damit man auch noch sieht, dass der Kerl ein Jud' war! Das ist es ja wohl, was aufregt. Nackt allein ist ja nicht genug! Der Antisemitismus muss ja auch noch dazu kommen. Und weit und breit kein moralisch korrektes

Leichentuch, das sich barmherzig drüberlegt und den Menschen diesen Anstoß erspart. Die Auferstehung des Fleisches irritiert. Oh unheilige Verrücktheit. Der nackerte Jesus ärgert erstaunlicherweise sogar Leute, die gar nicht an die Auferstehung glauben. Und das ist ja wohl ein erstaunliches Phänomen. Merke: Geschlechtsorgane mögen bei Lebzeiten aufstehen, aber dann ist Schluss. Auferstehung nein. Sie bleiben gefälligst im Grabe. Viele Maler haben intuitiv erkannt, dass sich hier der Kreis schließt. Nackt sind wir erschaffen worden, nackt werden wir auferstehen. Wir werden in strahlender Nacktheit einander anschauen und dann wissen: Jetzt san ma auferstanden. Diese Auferstehung darf nicht verwechselt werden mit dem Krampfadern-Paradies eines Nacktbadestrandes, denn wenn die Nackten auferstehen, wird zur Nacktheit die göttliche Faszination kommen. Und gerade dafür hat uns ja ein gütiger Vater schon viele irdische Kostproben gegeben.

Ein Nackerpatzerl beim Schönheitschirurgen

Hier bekommen wir etwas für unser Geld. Nach der Operation werden wir fast so schön aussehen, als wären wir schon auferstanden von den Toten. Ein neuer Busen, eine neue Nase, ein glattes Gesicht, mehr Haare, einen neuen Hintern und vielleicht sogar ein längeres Renommierorgan. Und alles sieht so attraktiv aus wie im Modejournal.

Mephisto

Nur ihre böse alte Seele ist ihnen geblieben. Oder sollte die auch schon auf ein fesches Normalmaß therapiert worden sein?

Der mutige, ethische Couturier

Nackt und bloß hat dich dein Gott geschaffen, lieber Christ.
Nackt und bloß stehst du vor deinem Gott,
wenn du beichtest, liebe Christin.
Deine Nacktheit missfällt deinem Gott nicht,

aber die falschen Kleider, in denen du herumgehst.
Und darum zieht sie aus:
Diese ewigen Ausreden und Entschuldigungen;
dazu die Tricks,
mit denen du dir einredest,
dass alles gut an dir ist.

Zieh deine bösen Kleider aus:
Das Leiberl der Machos
und die Unterhose der Vergewaltigung,
die Bluse der Selbstgefälligkeit,
das Hemd der Heuchelei
und die Krawatte der Ideologie.

Zieh aus das Sakko der Ausbeutung
und die Hose der Menschenverachtung;
die Schuhe der Unterdrückung
und den Mantel der Verharmlosung.
Den Hut der Lüge wirf weg
und die Handschuhe des Betrugs.
Nackt und bloß hat dich dein Gott geschaffen.
Bekleidet haben dich andere und du selbst.
Amen

Als Norman Mailer 1948 sein Erstlingswerk veröffentlichte, war der Skandal programmiert. „Die Nackten und die Toten" beschreibt die Eroberung der fiktiven Insel Anopopei im Pazifik und den Kampf zwischen amerikanischen und japanischen Soldaten. Ein schockierender Kriegsroman.

Fürbittengebet für die Nackten und die Toten

Chor der ermordeten Iraker und Amerikaner

Gott, wir bitten dich für die Opfer des Krieges. Die Kinder von Basra, die Frauen von Kerbala und die alten Leute in Kirkuk. Licht und Gedächtnis sei ihr Kleid, uns zur bleibenden Mahnung.

Wir bitten dich für die Menschen, die Streubomben erfinden und Anthrax. Gib, dass sie ablassen von ihrem menschenvernichtenden Tun und sich mit Vernunft bekleiden.

Wir bitten dich für die amerikanischen und britischen Soldaten, denen mühevoll beigebracht wurde, wie sie töten sollen. Gib, dass sie das ohne Schaden wieder verlernen, wenn sie die Uniform ablegen, und einen Weg zurück finden zu ihrer angeborenen Menschlichkeit.

Wir bitten dich für die unterdrückten Menschen im Irak und überall, dass sie sich aufrichten, dass sie aufstehen und ihr Recht bekommen. Lass' sie anziehen die Schuhe zum Aufbruch in die Freiheit, wie dein Volk in Ägypten.

Wir bitten dich für die, die Verantwortung tragen in der Politik. Erinnere sie an ihre Verantwortung für Gerechtigkeit und Frieden und die Eindämmung von Gewalt. Wenn ihnen bei weiteren Lügen von sauberen Kriegen eine lange Pinocchionase wachsen würde, wäre das schön.

Wir bitten dich für die, die mit Krieg das große Geschäft machen. Befreie sie vom Götzendienst des Geldes, befreie uns aus der Herrschaft des Mammon.

Wir bitten dich für deine Kirche auf der ganzen Welt. Gib, dass sie klar und deutlich für Gerechtigkeit, Frieden und die Bewahrung der Schöpfung eintritt. Egal, ob ihr Zeugnis Alba, Messgewand, Talar oder Chorhemd trägt.

Lass' uns angetan sein von der Hoffnung auf dein Reich, dass kein Stein der Welt begraben kann, dass wir unsere Welt kleiden mit dem Schmuck deiner Gnade.

Walpurgisnacht
Interludium Macabre

Chor der Luftgeister

Alles Irdische ist nur ein Gleichnis.
Das Unzulängliche, hier wird's Ereignis.
Das Calvinistische ist unvergleichlich.

Chor der Feuergeister

Wer auferstanden ist, hat immer recht.

Chor der Erdgeister

Gott liebt die Ungläubigen –
auch sie haben ihre Glaubenszweifel.

Chor der Wassergeister

Wasser ist zum Taufen da,
valleri und vallera.
Auf Seewasser zu gehen,
sollst du nicht verschmähen.

Der Geist eines kleinen Trotterls

Ich bin nicht von heute.
Ich habe eine Vergangenheit,
aus der man mir einen Strick drehen kann.
Hinter mir steht immer ein Galgen.

Ein Universitätstheologe

Der permanente Wunsch der frommen Seelen an die Universitätstheologie, objektive Beweise für die Auferstehung Jesu Christi zu liefern, kann nicht erfüllt werden. Auferstehung ist ein meta-historisches Ereignis jenseits wissenschaftlicher Beweismöglichkeiten. Historisch fassbar ist nur der „Auferstehungsglaube“ der Urgemeinde. Ein Zurück hinter diesen Glauben ist dem Theologen verwehrt. er kann nur – wenn auch lückenhaft – nachzeichnen, wie sich dieser Auferstehungsglaube bis heute kirchlich organisiertes Christentum bzw. „unbehaustes Prophetentum“ schafft.

Noch ein Universitätstheologe

Der „garstige Graben der Geschichte bzw. Heilsgeschichte“ besteht nicht darin, einen logischen oder spirituellen Zusammenhang zwischen dem „Lebenswerk Jesu Christi“ und heutigen Christentümern zu erfinden. Der „garstige Graben“ ist vielmehr jenes „salto clericale“ zwischen dem Glaubensverkünder Jesus dem Christus und dem geglaubten Christus. Wie wird der Verkünder des Glaubens selbst zum Verkündigungsinhalt?

Noch ein Universitätstheologe

Es gibt nur eine Chance, die Predigt von der Auferstehung Jesu Christi anzunehmen: nämlich so wie die Generation der Jünger den Sprung vom Unglauben in den Glauben zu wagen. Historisch ist der Unglaube der Jünger, heilsgeschichtlich sind die Auferstehungsgeschichten der Evangelien. Dieses Phänomen kann nicht erklärt, sondern nur spirituell nachvollzogen werden.

Ein vierter Universitätstheologe

Der Apostel Paulus hat messerscharf erkannt, dass das Christentum mit dem Glauben an die Auferstehung Jesu Christi steht und fällt. Das gilt für die Institution Kirche genauso wie für die gläubige Existenz des einzelnen Christenmenschen. Ohne die Auferstehung Christi ist alles, was das geistliche Leben eines Christen ausmacht, leer und ein Akt der Selbsttäuschung. Hier haben auch für den Intellektuellen evangelikaler Trotz und evangelikale Beharrlichkeit ihren guten Sinn.

Pater phantasticus

Flammen schlagen aus den Poren,
nie Gehörtes dröhnt in meinen Ohren.
Phantastisches sträubt noch das Haar,
hellsichtig wird das Auge, wunderbar.
Der Horizont der Phantasie ist Zeit,
ein weites Land voll Ewigkeit.
Die Phantasie ist unser irres Tor,
aus ihr kommt unsre Seel' hervor.
Die Phantasie wü vü zu vü,
die Lyrik a net.
Aba beide können's so gut sagen wia ka andera.
Es war zum Verzweifeln grad recht,
wann's net d'Phantasie geben möcht.

Ein poetischer Teufel

Wer nicht weiß,
was er jetzt dichten darf,
schreibt zarte Worte.
Macht auch Zartes scharf?
Über allen Gipfeln ist Ruh,
in allen Wipfeln spüre ich deinen Hauch –
und deine Seele spüre ich auch.

Noch einer

Nach deiner Seele meine Jagd nur geht,
auch wenn du gar nicht auferstehst.

Ein fallender Engel

Seele, küss die Ewigkeit,
mach für Psalmen mich bereit.
Formulier das Ungesagte,
sag das bisher nicht Gesagte.

Ein alternativer Hausarzt

Alle Schmerzen kommen von Verspannungen.
Alle Verspannungen werden durch Vitamine geheilt.
Alle Schmerzen sind Vitamine.

Ein Poltergeist

Was du nicht willst,
dass man dir tu,
das füge deiner Kirche zu.

Minister Prof. Dr. Johann Wolfgang von Goethe

Es müssen „Götz-Zitate“ sein,
die einen Meister unsterblich machen.
Drum formulier ich schön und schaurig:
„Auch wer eine Träne im Arschloch hat,
ist traurig.“

Ein Mönch auf Abwegen

Ich bin vom Schaun besessen
und kann kein Bild vergessen.
doch was ist sehe, ist nicht brav,
ich bin ein böser Fotograf.
Doch jetzt entdeck' ich meine Ohren,
sie hab'n die irre Illusion geboren,
es könnte alles wirklich sein,
was mir ein Teufel flüstert ein.

Eine emanzipierte Hexe

Hast den Teufel schon vergessen?
So manche Frau hat er besessen:
als Incubus und Succuba.

An Teufelslutschfleck sollt'st verstecken.
Wo Teufel sind, da sind die Flecken.

Nur wannst eam anbeißt,
kühlt er aus.
Und dein Wortwitz jagt eam zhaus.

Der Geist eines kleinen Trotterls

Meine Seele sehnt sich nach Fleisch.
Ich rieche, rieche Menschenfleisch.
Ich schmecke Ekstasen,
ich bin voll ungekosteter Genüsse.

Eine geile Hexe

Einst hatt' ich einen wüsten Traum,
ich ritt auf einem heißen Besen.
Die Brüste wippten geil im Takt.
Das ist ein toller Akt gewesen.

Eine verliebte Leiche

Dämonen können Worte löschen,
doch deine Worte löschen's nie.
Dämonen können Sätze trennen,
doch dein Wort vom Sinn zu trennen –
das geht nie.

Ein Betrunkener

Wenn ich ein Vöglein wär,
flög ich zu dir.
Wenn du im Garten wärst,
hättst einen Vo-ho-gel.

„Gottes neue Eva" (von Kurt Lüthi)

Das Paradies ist längst gestorben.
drum hast an Garten halt erworben,
damit ein Hauch von Paradies

dich Nostalgie erleben ließ.
Und Eva neu im neuen Garten
lässt Emanzipatorisches erwarten.

Eine gebildete Leiche, die noch nicht auferstehen kann

Dämonen können Tage schlucken,
doch die Zeit, die schaffen's net.
Dämonen könnten alles können,
doch uns beide schaffen's net.

Lass' doch die Zeit nicht nur verrinnen,
„denn Ordnung lehrt euch Zeit gewinnen".
Ein Klassiker hat das geglaubt
und sich ein Zeitlos schnell gekauft.
Doch das Los war eine Niete,
und er die Zeit los, bitte.

Der Geist eines kleinen Trotterls

Ich liebe starke Frauen.
Starke Frauen erklären mir meine Traurigkeit.
Starke Frauen sind mir immer überlegen.
Starke Frauen strotzen vor Vernunft.

Poeta laureatus

Wenn sich zarte Schmetterlinge
an deinem Rosengärtlein laben,
und taumelnd von deiner Schönheit Gaben
sich voll Vertrauen
auf deine kirschenroten Lippen setzen,
die jüngst den Aaronstab des Vielgeliebten netzten,
dann sollt' ich dir Sonette singen,
die Poesie in deine Seele bringen.

Dornröschen nach ihrer Auferstehung

Da mich deine Küsse reizen,
will nicht mit meinem Rüssel geizen.

Ostern regt zum Dichten an.
Willst du etwas Neues ham?
Vielleicht ein bisserl ordinär.
Was aufersteht,
das g'fallt dir sehr.

Ich such' den Schauplatz vieler Lüste,
erlebe, was kein Spießer wüsste.

Der Geist einer Pedantin, die sich verzehrt hat

Eines Tages wird alles geordnet sein.
Eines Tages wird alles einen bestimmten Platz haben.
Eines Tages wird es für alles ein Verzeichnis geben.
Eines Tages werde ich alle Fotos finden.
Eines Tages werde ich meinen Freund in einer Lade begraben.
(IV/12/3b/links – m.)

Ein Engel, leicht verkommen

Originelle Musen küssen gern,
frau muss nur ihre Stimme hör'n.
Die Muse, die dich gern besucht,
a heiße Göttin und verrucht,
ist schon frustriert und sehr verstört,
weil du sie kaum, oft gar nicht hörst,
weil andere du jetzt besuchst.
Hör unsre Muse, nicht nur selten,
schick Worte heiß und elitär
an frommes Gscher,
es freut mich sehr.

Ein Teufel, etwas moralisch

Zvü Arbeit tuat a dir net guat,
drum schau auf dich, sei auf der Hut.
Entspannt, da denkst du gern an Gott,
doch Stress verrät schnell deine Not.
Wer meint, da gäb's ein Macho-Übel,
weiß nicht:
Auch Teufel sind sensibel.

Ein Autor

Und wenn du mich gelesen hast,
sag mir,
war es wesenhaft?

Das kleine Trotterl

Da Dichter hat was Klasses g'schriebn,
das Feedback, das ist ausgeblieb'n.
Mein'm Stolz, dem hat es nicht geschadet,
ich hab in Eigenlob gebadet.

7. Vision

Der Nachwächter

Hört ihr Leut' und lasst euch sagen:
Unsre Glock' hat eins geschlagen!
Eins ist allein der einzige Gott
Der uns trägt in aller Not.

Menschenwachen kann nichts nützen;
Gott muss wachen, Gott muss schützen.
Herr, durch deine Güt' und Macht
Schenk uns eine gute Nacht!

Maria Magdalena

Der Herr, der hat mein Christum auferweckt,
und mich und andere erschreckt.
Drum sag ich diese Nacht euch an:
Es denke mit, wer denken kann.
Visionen sag ich an,
die Bünker, Karner, Maria Magdalena haben.
So wird die Osternacht euch zum Genuss.
Und nur die Auferstehung ist ein Muss.

Sterben – auferstehen – a Biografie kriagn

Ein begabter toter Beamter

Da will einer wo angestellt werden.
Und dazu braucht er einen Lebenslauf.
Aber wer kann sich schon seine eigene Biografie leisten?
Und darum ist es für viele eher eine literarische Aufgabe, weil sie ihr Leben erst komponieren müssen.

Der Geist eines gewissen Paulus aus Tarsus

Haben Sie vielleicht mich gemeint, Herr Oberamtsrat?
Ich hab mir meine Biografie geleistet. Und ich hab für mich auch keine biografische Komposition angefertigt. Ich hab horriibile dictu einfach die Wahrheit über mein Leben geschrieben:

Was i jetzt red,
damit wird da Chef ka Freud hab'n.
I red nämlich jetzt absichtlich so,
als würd' ma des Angeb'n was eintrag'n.
Wann si' a jeder Trottel was einbild't,
dann mach' i's grad a so.
Ihr Obergscheit'n,
ihr ertragt's es schon,
wann si aner bsunders guat vorkommt.
Wann si' a anderer traut, dann trau i mi a!
Hebräer sans? I a!
Israeliten sans? I a!
Da Abraham is Ihr Urgroßvata? Meiner a!
Zum Personal vom Christus g'hörns?
I g'hör vü mehr zu eam als alle andern.
I hab vü mehr mitg'macht als ihr alle miteinanda:
I war öfters eing'sperrt,
mi' hab'n's mehr g'schlagn –

von der ewigen Todesgefahr wü i gar net red'n.
Fünfmal haben's mi' mit aner Geißel g'haut.
Dreimal haben's mi' mit aner Gert'n g'schlagn.
Also wann schon angeben warn muass –
ihr werd's euch wundern –
i büld ma was drauf ein,
was ma alles antan wurdn is.
Da Herrgott waß, dass i net lüag.
(2. Korintherbrief 11/17–31)

Ein begabter toter Beamter

Welche Gemeindevertretung würde heutzutage so einen Pfarrer haben wollen?
Herzlich willkommen in der Osternacht!

Die „Gewerkschaft der christlichen Arbeitnehmer"

betet die

LITANEI VON DER SCHLECHTEN NACHRED'

Ja, die Kunst der Schmeichelei,
des Lobhudelns,
des Honig ums Maul Schmierens,
des Lobes in den höchsten Tönen
und weit hinaus über den grünen Klee –
bis zur säkularen Heiligsprechung.

Man will ja nix sagen,
es wird ja nur gredt!

Und die professionellen Nachrufe,
die schöne Leich,
das Staatsbegräbnis
und erst der Gedenkakt mit Festansprache!

Ungeteilte Hochachtung denen,
die Leben und Werk eines Menschen
in zwei Sätzen auf den Punkt bringen können

und doch nichts ungesagt lassen müssen.

Und alles weckt die Lust auf eine schlechte Nachred':
Wenn man das früher gewusst hätt'!
Ist das nicht schon länger bekannt?
Ja, hat denn das niemand gewusst?
Da sagt natürlich keiner was.
Da schweigen sie alle wie ein Grab.

Man will ja nix sagen,
es wird ja nur gredt!

Was der Pfarrer z'sammgredt hat!
Hast du das gewusst?
Das war ja direkt peinlich.
Über einen Toten so daherzureden.
Das gehört sich einfach nicht.

Da wird sicher was versteckt.
Da ist bestimmt was geheim.
Man darf es nicht wissen.
Ich sag's Ihnen gern
hinter vorg'haltener Hand.
Wenn's nur unter uns bleibt.
Eigentlich weiß es doch jeder.
Aber sag'n tut man's nicht.
Es ist schon lange bekannt.
Die Überraschung ist geheuchelt.

Freilich sagt man nur Gutes.
Aber wenn's eh alle wissen:

Aber über einen Toten
Sagt man nix Schlechtes.

Ja, die Kunst der Schmeichelei,
das Loben in den höchsten Tönen
und weit hinaus über den grünen Klee –
fast bis zur säkularen Heiligsprechung.

Gleich neben dem Lob ist die Nachred' zu Haus.

Ein begabter toter Beamter

Kleopas, ein ganz gewöhnlicher Mann aus Emmaus. Er hat eigentlich gar nicht zum Jüngerkreis gehört. Aber irgendwie hat er von dem heimlichen Treffen der Jünger nach dem Tod Jesu gehört – und ist auch hingegangen. Und ausgerechnet er hat Jesus einen Nachruf gehalten. Und was er gesagt hat, das haben die anderen auch empfunden: Ich als Oberamtsrat, ich als erfahrener, leitender Beamte, kann das beurteilen ...

Kleopas

Liebe Freunde,
ihr seid ja fast drei Jahre mit Jesus zusammen gewesen – aber ich verstehe das alles nicht. Hat er gewusst, dass alles mit einer Katastrophe enden wird, habt ihr es gewusst?
Ich versteh das alles nicht. Jesus aus Nazareth war doch ein Prophet, mächtig in Tat und Wort vor Gott und vor dem Volk. Und dann lässt er sich von den Hohepriestern und den Oberen zum Todesurteil ausliefern. Und dann lässt er sich kreuzigen? Warum ist Gott nicht dreingefahren?
Ich versteh das alles nicht. Ich habe geglaubt, dass er es ist, der Israel erlösen soll. Und jetzt ist es schon drei Tage her, dass er begraben worden ist. Ich will nicht, dass alles aus ist. Wie soll ich denn weiterleben ohne Hoffnung?
Sagt mir jetzt ja nicht: Der Judas ist an allem Schuld. Warst du vielleicht besser, Petrus? Und wir anderen hätten ihn ja auch jederzeit verraten können. Und außerdem: Ein Prophet Gottes lässt sich nicht von dem verdammten Judas seine göttliche Aufgabe verpfuschen.
Ich versteh das alles nicht. Ich bin nur sehr traurig. Hat er nicht gesagt, wir werden genauso Wunder tun wie er? Vielleicht sogar noch größere? Aus, Schluss. Die „verlorenen Schafe" sucht niemand mehr. Das „Reich der Himmel" ist wieder ganz fern. „Die Kranken werden noch kränker, sie Aussätzigen bleiben unrein, die Dämonen feiern fröhliche Urständ und die Toten bleiben liegen. Und allen wird eine traurige Botschaft verkündet."

Ein begabter toter Beamter

Kleopas war kein depressiver Christ?
Er war ein Auserwählter!
Denn ausgerechnet ihm hat Christus auf dem Weg nach Emmaus seine Biografie erzählt und kommentiert.
Aber die Biografie Jesu Christi, so wie er sie selbst erzählt hat, hat dem Herrn Dr. Lukas nicht gefallen, und darum hat er dem Auferstandenen seine eigenen Worte in den Mund gelegt.

Ein Parteisekretär, der noch nicht weiß, dass er tot ist

Womit beginnt eine Biografie?
Sie beginnt mit dem Nachruf.
Der Nachruf ist eine posthume Würdigung des Lebens.
Heut ist schon fast alles post.
Danach.
Eigentlich haben wir nur noch Vergangenheit,
keine Zukunft mehr.
Es wachsen die Deponien,
die für den Müll und die für die Kunst.
Der Nachruf als Signatur der Postmoderne.
Der Nachruf ist die Fingerübung zur Biografie.
Nachruf mit Lebenslauf.

Um das jetzt zu zeigen, wie ein Nachruf auf Jesus ausschauen würde, haben wir zu einem gewagten Experiment gegriffen.

Sie fragen sich ja bestimmt auch, wie es die Medien und die politischen Repräsentantinnen und Repräsentanten schaffen, so schnell nach dem Tod eines Prominenten einen Nachruf zur Hand zu haben.

Wir wissen es mittlerweile sicher:
Die Nachrufe sind alle schon fertig
und liegen in der Schublade.
Nach dem Alphabet geordnet.

Im Ernstfall genügt ein Handgriff,
das Einsetzen der Sterbedaten, der Todesursache,
und schon geht es hinaus.
Das ist das Moderne am Postmodernen.

Das heißt, es muss gewusst werden,
was Menschen für die Nachwelt bedeuten.
Es muss schon zu Lebzeiten gewusst werden, was Menschen
nach ihrem Tod für die Nachwelt bedeuten werden.

Kein Wunder, dass das auch für einen wie Jesus
gemacht werden müsste.
Das wäre höchste Professionalität.
Hier also die Nachrufe auf Jesus von Nazareth aus
den geheimen Archiven der größeren Parlamentsparteien:

Alle vier haben den Titel: *Er war einer der Unseren!*

Ein biblischer ÖVP-Politiker

Liebe Trauergemeinde!
Uns als einer, ja der einzigen, christlichsozialen Wertegemeinschaft trifft dieser Todesfall besonders schmerzlich.
Er war ein Arbeiterkind, es ist wahr, und wäre bestimmt Mitglied unseres ÖAAB geworden, gleichzeitig war er tief verbunden mit den Bauern und den Kleingewerbetreibenden, den Fischern am See zum Beispiel.
Richtig, einige seiner Aussagen über das Wirtschaftsleben sind falsch verstanden worden, absichtlich verdreht und unkorrekt zitiert, vergessen wir nicht seine Wirtschaftsfreundlichkeit.
Sein natürlicher Sinn für das Unternehmerische.
Selbst zu Luxusgütern hatte er ein unverkrampftes Verhältnis und stand ihnen positiv gegenüber, wenn es zur Ankurbelung des Konsums diente.
Denken Sie an die Salbung mit dem Nardenöl, wofür er von den weltfremden Globalisierungsgegnern unter seinen Jüngern kritisiert wurde.

Er soll ja auch auf Anraten unseres verehrten Clubobmannes seine Versuchung, die ursprünglich in der Judäischen Wüste stattfinden sollte, in die Wüste Gobi verlegt haben.
Sein großer Verdienst ist die Wertestiftung. Eine Gesellschaft ohne Werte muss zugrunde gehen, deshalb kommt alles darauf an, dass Werte wie Familie, Gemeinschaftssinn, Verantwortung, Fleiß und eine gesunde Heimatliebe nicht verloren gehen.
Sein Tod ist ein schreckliches Zeichen, wohin eine verknöcherte Bürokratie und ein längst überholtes Staatsverständnis führen können, wenn nicht rechtzeitig für eine tiefgreifende Wende gesorgt wird.
In diesem Sinne, lieber Verblichener, darf ich sagen, dass uns dein Leben eine hohe und bleibende Verpflichtung sein wird.
Es freut mich, dass ich dir gleichsam posthum das Ehrenzeichen um Verdienste für den Wirtschaftsraum See Genezareth verleihen darf.
Unser lieber Herrgott möge dir vergelten, was du alles Gutes getan hast, wir werden es dir nie vergessen!

Ein biblischer SPÖ-Politiker

Liebe Trauergemeinde, liebe Genossen und Genossinnen!
Tief erschüttert stehen wir am Felsengrab unseres Gesinnungsfreundes, des Propheten und Volkserziehers Jesus aus Nazareth. Ja – er war einer der Unseren. Das hat die Österreichische Sozialdemokratie immer schon gewusst und sich daher mit seinen Jüngern ausgesöhnt.
Voller Ehrfurcht stehen wir vor dem Lebenswerk des ehemaligen Arbeiterkindes aus Nazareth. Vergeblich hat der reaktionäre Adel versucht, aus ihm einen von ihresgleichen, einen Davididen, zu machen. Vergeblich versucht eine reaktionäre Priesterschaft, sich mit theologischen Ammenmärchen darüber hinwegzuschwindeln, dass er ein Arbeiterkind war. „Josef den Arbeiter" nennen aufgeschlossene Pfarrer seinen Vater. Und der „Adel der Arbeit" ist der einzige Adel, den die SPÖ anerkennt. Unser Selbstbewusstsein ist stark genug, dass wir zugeben kön-

nen, dass unsere Theoretiker die sozialen Verhältnisse oft nur analysiert haben, aber Jesus aus Nazareth hat sie verändert.
In seinen Reden standen die Menschenrechte an erster Stelle:
Der Eigenwert der Kinder,
die Gleichberechtigung der Frauen und
die Abschaffung der Sklaverei.
Ideologisch verblendete Geistliche versuchen immer wieder, seine Gleichnisse esoterisch zu verharmlosen. Aber er hat z. B. ganz bewusst in seinem Gleichnis „Von den Arbeitern im Weinberg" die Arbeitslosenunterstützung und die Gewerkschaft vorweggenommen.
Wenn er von Nächstenliebe spricht, so ist das dasselbe, was wir unter Solidarität verstehen.
Wenn er seine Jünger „seine Freunde" nennt, so ist das dasselbe, wenn wir einander mit „Freundschaft" grüßen.
Wie zu erwarten, mussten ja reaktionäre Theologen auch seinen Tod mit allerlei Gespenstergeschichten garnieren. Für uns, Genossen und Genossinnen, soll sein Leib im Grab die „ewige Ruhe" finden, denn: sein Geist ist längst auferstanden in die Bewegung der Österreichischen Sozialdemokratie.
„Freundschaft", Genosse Jesus.

Ein biblischer FPÖ-Politiker

Liebe Kärntnerinnen und Kärntner,
wir haben uns in dieser Stunde versammelt, um Abschied zu nehmen von einem der Unseren.
Ja, einer der Unseren.
Die Kapelle des Abwehrkämpferbundes hat es in Musik ausgedrückt.
Lassen wir uns nicht irremachen von denen, die das bestreiten wollen und in verleumderischer Absicht erklären, er wäre uns nicht nahegestanden oder hätte unsere Bewegung nicht geschätzt.
Allein schon seine Sorge um die kleinen Leute, das Volk, wie man es fast nicht mehr zu nennen getraut, weil man gleich in

einen gewissen Verdacht kommen kann, allein schon diese Sorge zeigt, dass er das Herz auf dem rechten Fleck trug.
So wie unsere Bewegung wollte auch er, dass seine Leute sich um die Unsrigen in erster Linie kümmern sollten.
Die Unsrigen zuerst!
Und sein mutiger Kampf gegen die Herrschaften da oben, die es sich fein gerichtet haben, ist uns bis heute Ansporn und heilige Verpflichtung.
So hat ja auch unser früherer Obmann sich gerne mit ihm verglichen und wusste sich wie der teure Verblichene von so manchem Judas umgeben.
Auch die Feindschaft der Hauptstadt hatten die beiden gemeinsam zu ertragen.

Lieber Verblichener, sieh hier die treue Schar der Gebrochenen, die dir das letzte Geleit geben.
Dein Einsatz ist unvergessen!
Die teure Heimaterde sei dir leicht!

Ein biblischer Grün-Politiker

Liebe Trauergemeinde!
Es ist kein Zugeständnis an die üblichen Begräbnisbräuche, wenn ich hier mit einem großen Blumenstrauß in der Hand vor Ihnen stehe.
Aber der große Kämpfer für die Natur, an dessen Felsengrab wir hier Abschied nehmen, hat seine Zuhörerinnen und Zuhörer immer wieder auf die Predigt der Blumen, des Getreides, der Säugetiere und Vögel hingewiesen.
In diesem jüdischen Rabbi hat sich die Natur selbst gegen ihre Verächter zur Wehr gesetzt.
Aber wie wollten die reaktionären und die progressiven Ausbeuter der Natur je verstehen können, dass das bloße Ansehen der „Lilien auf dem Feld“ und der „Vögel unter dem Himmel“ einen eigenen natürlichen, menschlichen Lebensstil implizieren kann.

Zugegeben: Er hat Ökonomie, Ökologie und Meteorologie theologisch-poetisch verfremdet, aber seine Warnungen und Drohworte waren für jede Frau verständlich.
Wir Grünen stimmen nur zu gern in seine „Wehe-Rufe“ ein, um eine vom Todestrieb beherrschte Welt zur Raison zu rufen.
Er hat Dämonen ausgetrieben. Auch wir Grünen resignieren nicht vor den Dämonen des Egoismus, des Neides und der Profitgier.
Mit vielen Gleichnissen aus der Natur hat er „sein Reich Gottes“ bauen wollen. Dadurch steht er uns sehr nahe, ja: Er ist einer der Unseren geworden!
Das Samenkorn, das in die Erde versenkt wird und austreibt und viel Frucht bringt, ist für die Lehre des Rabbi Jesus symbolisch geworden. So haben wir allen Grund zur Hoffnung, dass es unter seinen Jüngerinnen und Jüngern viele „grüne Christinnen und Christen“ geben wird.
Ich danke allen Freundinnen und Freunden für ihr Kommen.

Pastor criticus Augsburgensis

Nur Tote bekommen eine Biografie!
Gerade waren die Jünger und Jüngerinnen dabei, die ersten Nachforschungen und Erhebungen für die geplante Jesusbiografie anzustellen.
Zuerst einmal die äußeren Fakten:
Geburt und Tod.
Tod ja, da ist alles in frischer, schmerzenden Erinnerung.
Aber die Geburt?
Wie war das – wo und wann?
Wer weiß etwas?
Und dann, was war dann?
Kindheit in Nazareth, Schule, Ausbildung, Beruf.
Eigentlich wissen wir wenig.
Gerade nur, seit er uns zu sich gerufen hat.
Von Kapernaum nach Bethsaida, dort hat er –
Nein, geh, das war doch in Chorazin! –

Und wir waren alle dabei!
Ich nicht!
Na egal, aber was war die Jahre davor?

Gerade als die Jünger damit beschäftigt waren, damit beginnen wollten, einem bedeutenden Menschen eine Biografie zu schreiben, um ihn festzuhalten, einzusperren zwischen die Buchdeckel, nochmals festzunageln auf das, was getan wurde, gesagt, geschrieben, gedacht, diesmal festnageln auf Papier und dann binden – gerade als sie da dabei waren und sich diese Aufgabe vornahmen für die nächsten Monate, gerade da kamen die Frauen und sagten: Das Grab ist leer.
Unglaublich!
Gerade da erschien er ihnen.
Auferweckt von den Toten.
Lebendig.

Die Biografie wäre sein Grabmal geworden.
„In Liebe"
Würde drauf stehen
„Unvergessen" würde drauf stehen
und „Auf Wiedersehen!".
Und nichts davon wäre wahr.

Aber ein Auferstandener?
Auferstandene bekommen keine Biografien.
Sie lassen sich nicht festhalten, einsperren und binden zum Buch.
Auferstandene werden zum Evangelium.
Das Osterevangelium des auferstandenen Jesus:
Die aus dem Nichts schaffende Macht ist in euer Leben getreten.

Die meinen Ruf hören, sind schon hinüber gegangen – aus dem Tod ins Leben!

Denn auch ihr neuer Lebensmut ist aus dem Nichts geschaffen.
Sie halten es für möglich, die Weltverhältnisse durch Liebe und

Gerechtigkeit zu verwandeln, weil der Stein der Todesangst von ihren Herzen gewälzt ist und sie mit dem Geist des Lebens inspiriert.
Und alles davon ist wahr.

Ein typischer Oberkirchenrat

Ich bin zuständig für das kirchliche Amtsblatt, insbesondere für die Personalnachrichten. Wir berichten auch über alle Sterbefälle. Und jeder tote geistliche Amtsträger, Mann wie Frau, bekommt von mir einen Lebenslauf verpasst. Dazu muss man nicht nur über alle Daten verfügen, man muss vor allem viel Phantasie haben. Schließlich müssen ja alle diese Lebensläufe den Erwartungen einer desinteressierten Klientel genügen. Mir liegt natürlich jede Manipulation fern, aber manchmal staune ich selber, wie ähnlich das Leben der frommen Damen und Herren verlaufen ist.

Historiker und Biographen

sprechen das

GEBET FÜR DIE UNBEDEUTENDEN MENSCHEN,
DIE NAMENLOSEN, DIE VERGESSENEN

Lasst uns beten für alle,
die in keiner Biografie vorkommen.
Die zu unbedeutend waren und sind,
dass jemand ihr Leben festhält und weitererzählt,
oder zu bescheiden,
um ihr eigenes Leben festzuhalten.
Lasst uns beten für die unbedeutenden Menschen.

Zum Beispiel für den Koch Cäsars,
an den schon Bertolt Brecht dachte.
Oder an die Näherinnen,
die Kolumbus die Segel machten,
und die Frau von Galilei,
für die er am Leben bleiben wollte.

Lasst uns beten für die Namenlosen
und Vergessenen,
die keine Biografie erwähnt.

Auch an die,
die den ersten Schokoladehasen machten,
an die ersten, die Schinken in Brotteig hüllten
und ein hartgekochtes Hühnerei rot färbten.

Lasst uns beten für die Namenlosen
und Vergessenen,
die keine Biografie erwähnt.

An den Tischler und seine Gehilfen,
die diese Kirchenbänke schnitzten;
an die Metallgießer,
die die Orgelpfeifen herstellten
und an die Frau,
die das Papier verkaufte,
auf dem wir unsere Predigten schreiben.

Lasst uns beten für die Namenlosen
und Vergessenen,
die keine Biografie erwähnt.

An die Kinder,
die die Sohlen an unsere Schuhe nähten,
an die Frauen,
die unseren Röcken und Hosen einen Reißverschluss
verpassten,
an die vielen, die dafür sorgten,
dass wir hierher kommen konnten
und wieder gut nach Hause.

Lasst uns beten für die Namenlosen
und Vergessenen,
die keine Biografie erwähnt.

Gott, du bist Gedächtnis,
Erinnerung und Erlösung.

Du kennst die Deinen mit Namen
und schreibst sie in die Fläche deiner Hand.

Rufe die Namenlosen mit Namen,
bringe die Vergessenen zurück
wie du wiederbringst die Bäche im Südland,
das Licht aus der Finsternis rufst
und das Seiende aus dem Nichts,
und lass' die Unscheinbaren
im Schein der Auferstehung stehen.

8. Vision

Der Nachwächter

Hört ihr Leut' und lasst euch sagen:
Unsre Glock' hat zwei geschlagen!
Zwei Wege hat der Mensch vor sich,
Herr, den rechten führe mich!

Menschenwachen kann nichts nützen;
Gott muss wachen, Gott muss schützen.
Herr, durch deine Güt' und Macht
Schenk uns eine gute Nacht!

Maria Magdalena

Der Herr, der hat mein Christum auferweckt,
und mich und andere erschreckt.
Drum sag ich diese Nacht euch an:
Es denke mit, wer denken kann.
Visionen sag ich an,
die Bünker, Karner, Maria Magdalena haben.
So wird die Osternacht euch zum Genuss.
Und nur die Auferstehung ist ein Muss.

Wer rollt uns die Mozartkugel vom Grab?

Ein Society-Redakteur

betritt mit einem Mikrophon in der Hand die Bühne der Wiener Staatsoper

Guten Abend, meine Damen und Herren in der Oper. Wie Sie sehen, haben wir keine Kosten und Mühen gescheut, um Ihnen eine super Osternacht zu bieten.
Kunst, Musik und Theologie streiten heute Nacht um Ihre Gunst. Wenn man bedenkt, wie armselig die erste Osternacht war, was haben wir nicht alles daraus gemacht. Wenn Jesus damals nicht auferstanden wäre, dann hätten ja unsere Ahnen und Vorgänger den ganzen Event geschmissen.
Sie können sich den Kontrast gar nicht groß genug vorstellen: Der erste Osterspaziergang war eher ein Friedhofsbesuch: Drei Frauen gehen zum Grab Christi, um seinen Leichnam zu salben. An Auferstehung hat keine gedacht. Und dann hat es auch noch praktische Schwierigkeiten gegeben: „Wer wird uns den Stein von der Gruft wegwälzen, dass wir den Leichnam einbalsamieren können?" So haben die Frauen zueinander gesagt. Und dann die große Überraschung: Der Stein ist längst weggerollt und das Grab ist leer.
Wenn heutzutage Menschen in die Kirche gehen, geht es ihnen oft ähnlich wie diesen Frauen. Sie werden das Gefühl nicht los, dass sie ein Haus betreten, wo der Gottessohn begraben ist. Aber in dieser Gruft wird dem Gottessohn jede nur erdenkliche Ehre erwiesen. Und wenn er nicht sowieso schon tot wäre, dann hätten sie ihn schon längst zu Tode gesalbt mit ihren salbungsvollen Reden. Jesus ist gestorben: Und Friedhofsgärtner und Museumsbeamte erklären den ehrfürchtigen Gruftbesuchern, was er eigentlich sagen wollte.
Sie wissen vielleicht, dass diese Nacht hoch subventioniert ist. Und Sie können sich vorstellen, dass unsere öffentlichen und

privaten Sponsoren den bildungspolitischen Charakter dieser Nacht gesichert haben wollen. Gestatten Sie mir daher noch einige philosophische und kulturgeschichtliche Bemerkungen.

Viele Menschen sind seit der ersten Osternacht gestorben.

Und auch vor ihr Grab hat man einen Stein gewälzt, damit sie nicht auferstehen können. Und bald weiß kein Mensch mehr, wer sie gewesen sind: so viele g'scheite und blöde Legenden werden von ihnen erzählt.

Da können sich die Historiker „müdeforschen" oder den Mund „wundreden": Von Mozart ist die Mozartkugel übrig geblieben. War er ein Salzburger Konditor?

Die großen sozialen Leistungen des biblischen Zachäus sind vergessen. Vor seinem Grab steht eine Art Darmol-Manderl namens „Bamkraxler". Und welche Chance hat Goethe, wenn er aufersteht? Denn für die meisten Menschen ist nur das Götz-Zitat auferstanden. Und Schiller hat Gedichte geschrieben, mit denen man kleine Gymnasiasten sekkiert.

Und Leopold Figl hat ein neues Getränkemaß erfunden: 1 Figl = 16 Vierterln. Hat er nur gesoffen? Von Julius Raab blieb die „Beamtenforelln", von Calvin ein finsterer religiöser Sadist und von Luther ein ordinärer, verfressener Mann, der die Reformation ganz allein mit einem Thesenplakat durchgeführt hat.

Meine Damen und Herren in der Osternacht. Wenn ich ein Pfarrer wäre, dann würde ich jetzt noch etwas frech Seelsorgerliches sagen:

Und was wird von euch überbleiben? Vielleicht auch a paar komische G'schichten oder a süaße ruhige Kugel?

In dieser Nacht stören uns die Kugeln mit der falschen Publicity, in dieser Nacht stören uns die Kugeln, die auf den Gräbern liegen und die Auferstehung behindern.

Und darum beginnen wir jetzt mit dem großen „Mozartkugelentsorgen" – denn mit Mozart fangen wir an.

Maria Magdalena, die Königin der Osternacht, erscheint mit den totgeborenen Kindern. Sie preisen die Nacht, die Licht in der Finsternis schenkt:

Maria Magdalena

Jubelt und singt, ihr Chöre der Menschen,
lobsinge, du Erde,
frohlocket, ihr Engel,
alles Dunkel, was euch gefangen hält,
wird weichen, denn der Herr kommt und ist König.
Sein Licht vertreibt die Nacht
und bricht die Macht des Todes und der Angst.

Die totgeborenen Kinder

Es leuchtet uns,
erfüllt uns,
erfüllt den Raum und unsere Herzen.

Maria Magdalena

Dies ist die Nacht,
in der Gott unsere Väter und Mütter,
die Kinder Israels,
aus Ägypten befreite und auf trockenem Pfad
durch die Fluten des Meeres geführt hat.

Die totgeborenen Kinder

Dies ist die Nacht,
in der die leuchtende Säule das Dunkel vertrieben hat.

Maria Magdalena

Dies ist die Nacht,
in der auf der ganzen Erde alle,
die an Christus glauben,
von der Finsternis geschieden sind.
Und die in der Sünde Gefangenen sind befreit.

Die totgeborenen Kinder

Dies ist die Nacht,
in der die, die sich verloren meinen,
heimgeführt werden in Gottes Reich der Gnade.

Maria Magdalena

Dies ist die Nacht,
in der Christus die Ketten des Todes sprengt
und aufstand als Sieger, damit alle leben.

Klaviersonate: Rondo alla turca

Pastor criticus Augsburgensis

Ist die EU ein Christenclub?
Seit das der türkische Premierminister Erdogan behauptet hat, gehen die Meinungen auseinander.
Nein, sagt etwa der evangelische Bischof Wolfgang Huber von Berlin.
Aber ja!, sagt dagegen Margot Käßmann, die Bischöfin von Hannover.
Was hätte Mozart gemeint? Und: Was meinen Sie?

Im Wiener Volkskundemuseum gibt es eine Völkertafel aus dem frühen 18. Jahrhundert. Auf dieser Tafel sind die Völker Europas von den Spaniern über die Ungarn und Engerländer bis zu den Muskawithern und den Türken oder Griechen charakterisiert. Und zwar nach ihren Sitten, Gewohnheiten, nach Gottesdienst und Wissenschaft usw.
Die Türken schneiden durchwegs am schlechtesten ab.
Ihre Wissenschaft ist die betrügerische Politik, ihre Kleidung nach der Weiber Art, ihre Kriegstugend gar faul, der Gottesdienst ein abtrünniger, der Herrscher ein Tyrann, ihre Sitten wie das Aprilwetter und so weiter und so fort. Das Land ist wohl lieblich, aber das ist auch schon das einzig Positive, das hier über die Türken gesagt wird.

Das wundert uns doch nicht, waren doch gerade 1683 die Türken vor Wien mit einiger Mühe abgewehrt worden. Seit 1529, der ersten Belagerung Wiens durch Süleyman den Prächtigen, durchzog der Türkenkrieg die österreichische Geschichte – bis zum Ende des 18. Jahrhunderts.
Die Türkei war der Dauerfeind.
Das Reich des Bösen, die Achse des Bösen.
Iran und Nordkorea zusammen.
Natürlich nicht allein.
Die Pestsäule vorne am Graben bekundet den Dank des Hauses Habsburg für die Überwindung von drei Pestarten.
Die erste ist die medizinische Pest.
Die zweite ist die politische, nämlich die Bedrohung durch die Türken.
Und die dritte – Sie können es sich schon denken –, die dritte Pest sind wir gewesen, die Ketzerei des Protestantismus.

Ab dem Jahr 1781 tauchen in den Briefen zwischen Joseph II. und Katharina der Großen Pläne zu einem gemeinsamen Türkenkrieg auf, das Osmanische Reich sollte danach zwischen Russland und Österreich aufgeteilt werden.
Jetzt stellen Sie sich bitte vor, dass ausgerechnet, während die geheimen Kriegspläne geschmiedet wurden, im Hoftheater, dem Burgtheater, ein vom Kaiser höchst selbst in Auftrag gegebenes Singspiel aufgeführt wurde, in dem der Repräsentant des Erzfeindes, nämlich der türkische Pascha, als Musterbeispiel und Vorbild der Toleranz und Menschlichkeit erscheint. Der Krieg, der dann auch gekommen ist, verlief äußerst unglücklich. Obwohl drei Jahre lang gekämpft wurde (1788–1791), veränderte sich gar nichts.

Ist das nicht auch ein Stück Ostern, dass die gängigen Vorurteile auf den Kopf gestellt werden, dass das Gut-Böse-, Freund-Feind-Schema nicht mehr gelten und alles, alles anders gesehen werden kann.
Weil seit der Auferweckung Jesu sogar das Sicherste, nämlich der Tod, anders gesehen werden kann.

Arie der Zerlina

aus *Don Giovanni: „Batti, Batti"*

„Du wirst sehen, Lieber,
was für eine feine Medizin
ich dir geben will,
wenn du brav bist.

Sie ist natürlich,
schmeckt nicht schlecht,
und ein Apotheker
kann sie nicht bereiten.

Es ist ein bestimmter Balsam
den ich hier drinnen trage;
Ich kann ihn dir geben,
wenn du probieren willst.

Du möchtest wissen,
wo ich ihn habe?
Fühle ihn schlagen,
[sie legt seine Hand auf ihr Herz]
berühre mich hier."

Pastor criticus Helveticus

Liebe ist für Mozart kein romantisch-poetisches Gefühl. Liebe mobilisiert, sie macht Mut. Ihre unentbehrliche Verbündete ist die Freiheit. Liebe und Freiheit sind göttliche Geschwister. Das beweist schon das Alte Testament: Gott liebt sein Volk und führt es durch den Exodus in die Freiheit. Liebe ist immer politisch. Daher ist sie in allen „autoritären Gebilden" verboten: in der Schule, im Spital, im Gefängnis und im Altersheim. Wer sich hier frei fühlt, bringt die Ordnung durcheinander.
Um Liebe und Freiheit geht es in Mozarts Freiheitsoper *Die Entführung aus dem Serail.* Es ist kein Zufall, dass der Autor des Textbuchs reformiert ist: Johann Gottlieb Stephanie der Jüngere – Burgschauspieler und Regisseur, erfolgreich, ein Rabau-

kentyp. 1782, im Gründungsjahr der Wiener reformierten Pfarrgemeinde, ist die Premiere.
Der Schauplatz ist ein Landgut in der Türkei. Die Personen: Selim Bassa – eine Gestalt ganz deutlich nach dem Vorbild von Kaiser Josef II.; Belmonte, der seine Geliebte Konstanze befreien möchte – übrigens, Mozarts eigene Liebesgeschichte läuft zur selben Zeit: am 16. Juli 1782 ist die Premiere und Mozart heiratet seine Konstanze gegen die „Begeisterung" seines Vaters am 4. August 1782; auf der Bühne noch Blonde, Konstanzes Zofe; Pedrillo, Belmontes Diener; Osmin, der Aufseher über das Landhaus des Bassa. Seine herrliche Bassarie „O! Wie will ich triumphieren" hat zum großen Erfolg der Oper beigetragen.
Als Mozart die Oper komponiert, sind die Erinnerungen an die Türkenkriege schon verblasst. Aber alles Türkische ist hoch in Mode. Die herrlichen Stoffe sind aus dem Biedermeier gar nicht wegzudenken. „Multikulti" auf der Opernbühne.

Osmin
„Hier sind wir in der Türkei,
und da geht's aus einem anderen Tone,
Ich der Herr, du meine Sklavin."

Blonde
„Ha, ein Mädchen eine Sklavin.
Noch einmal sag mir das, noch einmal."

Und noch einmal Osmin
„O Engländer seid ihr nicht Toren?
Ihr lasst euren Weibern den Willen."

Wem fällt hier nicht ein, was Luther über die Türken geschrieben hat. Der „Türk" an sich war zwar für ihn der „Antichrist", aber die türkischen Männer hat Luther glühend dafür beneidet, wie sie mit ihren Frauen umgehen, wie sie ihnen Zucht und Ordnung beibringen.
Aber in der Zofe Blonde hat Mozart immerhin im 18. Jahrhundert eine „praktizierende Feministin" auf die Bühne gebracht.

Blonde
„Die Männer verdienen's wahrlich nicht,
dass man ihrethalben sich zu Tode härmt.
Vielleicht würd' ich muselmanisch denken."

Das Singspiel Mozarts hat bestimmte Typen auf die Bühne gebracht. Mozart macht Individuen daraus.

Osmin ist nicht nur böse, er hat auch ein Herz
„Ich möchte toll werden,
was das Mädchen für ein starrköpfiges Ding ist.
(*laut)* Du hast doch wohl nicht vergessen,
dass dich der Bassa mir zur Sklavin geschenkt hat."

Blonde
„Bassa hin, Bassa her,
Mädchen sind keine Ware zum Verschenken.
Ich bin eine Engländerin – zur Freiheit geboren.
Und trotze jedem, der mich zu etwas zwingen will."

Osmin (beiseite)
„Gift und Dolch über das Mädchen,
sie macht mich rasend.
Und doch lieb ich die Spitzbübin,
trotz des tollen Kopfes.
(laut) Ich befehle dir, augenblicklich mich zu lieben."

Und Bassa Selim ist gar nicht ein Ausbund an Güte.
Konstanzes Zofe Blonde ist keine weibliche Nebenrolle, sondern die emanzipierte Frau:
„Ein Herz, so in Freiheit geboren,
lässt niemals sich sklavisch behandeln.
Bleibt, wenn schon die Freiheit verloren,
noch stolz auf sie, lachet der Welt."

Interessant ist die Gestaltung der Schlussszene. Friedrich Christoph Bretzner (Leipzig), der erste Librettist der „Entführung" – bei ihm will Belmonte Konstanze aus dem Serail entführen, wird aber erwischt. Das Happyend kommt so zustande: Es kommt heraus, dass Belmonte Bassa Selims Sohn ist. In der endgültigen Fassung von Stephanie dem Jüngeren ist Belmontes Vater Bassa Selims größter Feind. Wieder wird er erwischt, aber Selim Bassa verheiratet ihn mit Konstanze aus Großmut.

Heute lautet die Anfrage an Mozart und Stephanie dem Jüngeren: Wie ist der „Gutmensch" Selim Bassa? Ist er glaubwürdiger als ein Überraschungseffekt à la Nestroy, nämlich Belmonte ist Selims Sohn?

Schon ein Aufklärer kritisiert, „dass wir falsche Größe bewundern lernen, und – trotz aller dieser abenteuerlich großmütigen Beispiele – nicht ein Fünkchen Großmut mehr bekommen, als wir haben, weil alle diese Beispiele an Großmut zu unnatürlich sind, als dass wir sie nachahmen könnten …"

Ich schließe mich aber nicht denen an, die den „guten Menschen" verspotten, weil ich sonst den opportunistischen, feigen, korrupten Menschen lobpreisen müsste.

Aber probieren wir es doch aus! Man gebe uns gute Menschen als Politiker, Geldfachleute, Lehrer und Wissenschaftler. Und wir werden schon sehen.

Ich halte es mit Mozart und seinem Librettisten.

Duett

aus *Don Giovanni: „Reich mir die Hand …"*

Don Giovanni
Reich' mir die Hand mein Leben,
Komm' auf mein Schloss mit mir;
Kannst du noch widerstreben?
Es ist nicht weit von hier.

Zerlina (für sich)
Ach soll ich wohl es wagen?
Mein Herz, o sag es mir!
Ich fühle froh dich schlagen,
Und steh' doch zitternd hier.

Don Giovanni
Lass' nicht umsonst mich werben!

Zerlina
Masetto würde sterben!

Don Giovanni
Glück soll dich stets umgeben!

Zerlina
Kaum kann ich widerstreben.

Don Giovanni
Komm', o folg' mir!
O komm', o komm'!

Zerlina (überwältigt)
Wohlan!

Don Giovanni und Zerlina
So dein zu sein auf ewig,
Wie glücklich, o wie selig,
Wie selig werd' ich sein!

Don Giovanni
O komm'!

Zerlina
Wohlan!

Don Giovanni und Zerlina
Komm lass' uns glücklich sein,
Komm lass' uns selig sein!

Pastor criticus Augsburgensis

Ausgerechnet der maßlose, intrigante Don Giovanni, der über Leichen zu gehen bereit ist, bis zum Schluss verweigert er die Buße und die Reue. Die Folgen seiner Taten interessieren ihn nicht. Der Inbegriff des Bösen. In seinem Mund verkommt die Liebe zur Verführung und zur Eroberung. Er ist auch ein Buch-

halter, der alle und alles zählt. Nur die Menge macht es aus. Wie viele? Wie oft?
Mozart beschreibt im Don Giovanni die Ausbeutung, das Benützen, die Instrumentalisierung. Er moralisiert nicht über die Verführbarkeit der Menschen, er zeigt den schlimmen Weg derer, die andere für ihre Pläne missbrauchen. Der monströse Unhold, der da in beinahe globalem Rahmen agiert, hat eine „anima di bronzo", eine „Seele aus Metall", eine „Seele aus Eis". Gegen ihn gibt es kein Mittel, die Frauen sind zu schwach, Männer oft – wie Masetto – hilflose Unterdrückte. Wir merken: Noch ist es nicht Revolutionszeit. Aber sie wird kommen! Im Adeligen Don Giovanni begegnet uns die abstoßende Horrorvorstellung eines ungezügelten Turbokapitalismus; die sexuelle Ausbeutung steht für die ökonomische.

War Mozart religiös? Wenn überhaupt, dann nicht besonders. Manchmal finden sich entsprechende Hinweise in den Briefen an den strengen Vater. Dort schreibt er von seinem Glauben – aber eher, wie es scheint, um den Vater zu beruhigen.
25 Jahre lebt und arbeitet Mozart für die Kirche. Das hat ihn nicht fromm gemacht. Im Gegenteil. Er liefert seine kirchenmusikalischen Werke ab, routiniert, professionell.

Erst die letzten zehn Jahre in Wien arbeitet er als freischaffender Musikus. Seine innersten Überzeugungen lebt er bei den Freimaurern aus. Und doch schreibt er noch drei kirchenmusikalische Werke: Die (große) Messe in c-Moll (K 427), das Requiem in d-Moll (K 626) und das Ave Verum in D-Dur (K 618). Zwei davon sind unvollendet geblieben. Wenn wir also wissen wollen, wie Mozart ohne Pflichterfüllung, sondern freiwillig und quasi aus Überzeugung Kirche und den Glauben verstanden hat, dann empfehlen sich diese drei.
In die Kirche geht er in den Wiener Jahren nur noch, um Geld zu verdienen.

Ist das alles? Ich sage, Mozarts Opern sind voll von Liebe. Es ist ein Begehren, von dem die Menschen voll sind. In seiner Musik wird eine „Anmut des Seins“ hörbar, die eine weltliche Variante jener „Letztendlichkeit“ ist, das sich die Religionen alle als ein Jenseits, als ein ewiges Leben vorstellen.

„Ich will mit dem gehen, den ich liebe.
Ich will nicht ausrechnen, was es kostet.
Ich will nicht nachdenken, ob es gut ist.
Ich will nicht wissen, ob er mich liebt.
Ich will mit ihm gehen, den ich liebe.“
(Bertolt Brecht)

Auch das eine Osterhoffnung. Dass Gott sich auflehnt, erhebt, ersteht in Jesus und damit der Revolution, die mit Jesus ihren Anfang genommen hat, Recht gibt gegen alle Besatzungsmächte und alle militärische Gewalt, damit gegen alles Unrecht auftreten, um dem ein Ende zu machen, von dem alle Don Giovannis auch heute leben.

Klavier: „In diesen heil'gen Hallen“ (Die Zauberflöte)

Sarastro

In diesen heil'gen Hallen
kennt man die Rache nicht!
Und ist ein Mensch gefallen,
führt Liebe ihn zur Pflicht.
Dann wandelt er an Freundes Hand
vergnügt und froh ins bess're Land!

In diesen heil'gen Mauern,
wo Mensch den Menschen liebt,
kann kein Verräter lauern,
weil man dem Feind vergibt:
wen solche Lehren nicht erfreu'n,
verdienet nicht ein Mensch zu sein.

Pastor criticus Helveticus

Zur Zeit der Wissenschaftsministerin Firnberg wurden in unserer Kirche die *Freimaurerlieder* von Mozart aufgeführt. Ein großer Erfolg. „Passen die Freimaurerlieder eigentlich in Ihre Kirche?", hat mich die Frau Minister gefragt. Ja, denn die Reformierten waren für die Freimaurer attraktiv. Sogar die Einrichtung der Kirche zeigt freimaurerische Elemente.

Mozart hat die Reformierte Stadtkirche bestimmt gekannt. Am 2. März 1782 wurde unsere Gemeinde gegründet und am 16. Juli 1782 war die Premiere der *Entführung aus dem Serail*. Und deren Libretto stammte, wie schon gesagt, von Stephanie dem Jüngeren, einem Mitglied unserer Gemeinde.

Unser erster Pfarrer, Carl Wilhelm Hilchenbach, war ein prominenter Freimaurer: Erster Aufseher der „Loge zur wahren Eintracht". Dieser Logenname passt gut zu Sarastros Arie „In diesen heil'gen Hallen". Sie hätte gut ins Gesangbuch gepasst. Es war voll Aufklärung und „Aufkläricht" („O dass ich schon unsterblich wäre") für Reformierte, die edel, hilfreich und gut sind. Wir lächeln in unserer Zeit über solche Formeln und Formulierungen. Aber Sarastros Geistesverwandte in Wien, wie Ignaz von Born, haben das ernst genommen.

Und Mozart bringt Freimaurer-Ethik auf die Opernbühne und damit in die Seelen der Menschen, Sehnsucht nach „heiler Welt" oder wann baut endlich jemand eine „heilige Halle", in der man die Rache nicht kennt …

Mehr noch: Hier findet der Sünder eine Chance. Eine sanfte Pädagogik nimmt sich seiner an. Ein Weg zur Pflicht durch Liebe? Ist das realistisch? Ist das nicht eine Illusion? Aber es könnte ja sein, dass uns die Pflichterfüllung bisher lieblos beigebracht wurde und daher nichts bewirkt hat … Wer Pflichten erfüllen will, braucht einen Freund.

Wer hat nicht aller im Lauf der Jahrhunderte „Hallen" gebaut. Und viel Moral ist hier gepredigt worden – „Gut-Predigten" – von Pfarrern, Lehrern und Politikern. In der Prozess-Arie (*Figaro*) heißt es: „Allein schon die Hoffnung, dass ich mich

rächen kann, tröstet meine Seele und lässt mich jubeln." Mozart lässt beides auskosten: Rache und Verzicht auf Rache. Aber in all diesen Hallen liebt der Mensch den Menschen nicht. Und ein Verräter lauert immer. Und dem Feind wird nicht vergeben.
Und doch: Unsere Hallen könnten „heilig" sein.

Prozess-Arie aus Figaros Hochzeit

Die Bühne zeigt jetzt das Arbeitszimmer von Karl Barth in Basel, des bedeutendsten evangelischen Theologen des 20. Jahrhundert. An der Wand hängen die Bilder von Johannes Calvin und Wolfgang Amadeus Mozart nebeneinander auf gleicher Höhe. Barth hatte sich fest vorgenommen: Wenn er in den Himmel kommt, dann wird er zuerst mit Mozart und erst dann mit dem Kirchenvater Augustinus und den Reformatoren reden.

Barth
schreibt

„Lieber Herr Kapellmeister und Hofkompositeur!
Ich bin einer von den Protestanten, von denen Sie einmal gesagt haben sollen: Was es mit dem ‚agnus Dei, qui tollis peccata mundi' auf sich habe, könnten wir wohl nicht so recht verstehen. Entschuldigen Sie: Wahrscheinlich sind Sie jetzt auch darüber besser unterrichtet. Aber ich will Sie nicht mit Theologie plagen. Wofür ich Ihnen danken möchte, ist einfach das: Dass ich mich, wann immer ich Sie höre, an die Schwelle einer bei Sonnenschein und Gewitter, am Tag und bei Nacht guten und geordneten Welt versetzt fühle. Mit Ihrer Musik im Ohr kann man jung sein und alt werden, arbeiten und ausruhen, vergnügt und traurig sein, kurz: leben! Viele Ohren wollen Sie gerne wieder und wieder hören, nicht nur in Ihrem Jubiläumsjahr. Wie es mit der Musik steht, wo Sie sich jetzt befinden, ahne ich nur in Umrissen. Ich bin mir zwar nicht sicher, ob die Engel, wenn sie Gott loben, gerade Bach spielen – ich bin aber sicher, dass sie, wenn sie unter sich sind, Mozart spielen: und dass ihnen dann

auch der liebe Gott besonders gern zuhört.
Und so wirklich der Ihrige
Karl Barth“

Der Regisseur

Für die reformierten Protestanten in Wien, die Calvinisten, ist der Brief von Karl Barth an Mozart geradezu etwas Heiliges. Haben Sie's gewusst? Im Mozartjahr haben die Wiener Calvinisten das Abendmahl ganz à la Mozart gefeiert. Zum Empfang von Brot und Wein haben sie ein Menuett getanzt.

Mozart betritt Karl Barths Arbeitszimmer in einem kostbaren Rokokokleid und stört ihn beim Schreiben. Dazu singt er die „Briefarie“ aus „Don Theologus und die Katharer“, 1776.

Mozart

Armer Herr Professor! Wenn Sie wüssten, dass ich Ihren Brief gar nicht gelesen habe. Sie erinnern mich zu sehr an meinen Vater. Aber tanzen könnten wir ja einmal miteinander.

Zehn kleine Teufel begleiten Mozart hinaus. Sie furzen die Papageno-Arie vierstimmig.
Plötzlich sitzen die Wiener Philharmoniker auf der Bühne. Dirigent ist Antonio Salieri – sie spielen ein bekanntes Menuett.

Mozart und Barth tanzen miteinander:
Duett Pamina/Papageno: „Bei Männern, welche Liebe fühlen“

Der Regisseur

Woran denken Sie, wenn Sie das Programm der Zauberflöte lesen? Für die Wienerinnen und Wiener ist die Besetzung das Wichtigste. Wer singt welche Rolle? Ist es die erste Besetzung? Sind die unverschämt hohen Preise gerechtfertigt?
Wir, meine verehrten Besucher der Osternacht-Vorstellung,

wünschen Ihnen ein Multi-Kulti-Erlebnis, wenn Sie Tamino und Pamina, Papageno und Papagena, Sarastro und die Königin der Nacht, die drei Knaben und die drei Damen und Monostatos hören.
Wir haben eine große Überraschung für Sie. Herr Schikaneder ist rechtzeitig aus seinem Grab auf dem Währinger Friedhof herausgekommen und hat uns ein großartiges „Kultur- und Menschenrechtsgebet" geschrieben. Beim ersten Eindruck wird hier nur gut katholisch für die längst verstorbenen Akteure der Zauberflöte gebetet: Aber Menschen wie Pamina und Tamino, wie Papageno und Papagena, wie Sarastro und Monostatos leben ja noch heute unter uns.
Bevor Sie jetzt einen Frömmigkeitsschock bekommen, sollten Sie bedenken, dass Gebete in der Oper primär nichts mit Religion, sondern mit einem „Event" zu tun haben.

Lasst uns beten

Für die Prinzessin Pamina und alle ihresgleichen:
Ihre Sanftmut wird ausgenutzt.
Sie begegnen einer Wand aus Schweigen.
In ihrer Schwermut sind sie alleingelassen.
Gib ihnen immer Menschen, die sie begleiten.

Für den edlen Prinzen Tamino und alle seinesgleichen:
Die oft zu genau wissen, wo es lang geht.
Die sich in ihrem falschen Heldenmut verrennen.
Die das Augenmaß verlieren.
Gib ihnen deinen Geist, der sie in die Wahrheit führt.

Für Papageno und alle seinesgleichen:
Die sich begnügen mit Essen und Trinken.
Die einem fragwürdigen Gewerbe nachgehen.
Die den Mund nicht halten können.
Gib ihnen das nötige Maß Nachdenklichkeit.

Für Papagena und alle ihresgleichen:
Die nicht auf den ersten Eindruck aus sind.

Die nicht der Norm entsprechen.
Deren Schönheit sich nicht gleich zeigt.
Lass' sie nie daran zweifeln, dass sie in deinen Augen
einmalig und schön sind.

Für Sarastro und seinesgleichen:
Die vor lauter Edelmut ihren Humor verloren haben.
Die ihr Wissen benutzen, um Macht auszuüben.
In deren Tempel der Wissenschaft oft sehr fragwürdige Dinge
geschehen.
Gib ihnen Verantwortung für alles Geschaffene.

Für die Königin der Nacht und ihresgleichen:
Die ihre Kränkung an ihre Kinder weitergeben.
Die aus Verletzung nur an Vergeltung denken.
In deren Herzen der Hölle Rache brennt.
Lass' deine Osterbotschaft, Vergebung und Versöhnung
das Feuer in ihnen sein.

Für die Drei Knaben und die Drei Damen:
Du, der du alle mit Namen kennst, kennst du auch sie?
Die nicht allein sein können.
Die ihren kindlichen Träumen nachhängen.
Denen es am liebsten ist, wenn jemand sagt, was sie tun sollen.
Lass' sie zu einmaligen Persönlichkeiten werden.

Für Monostatos:
Die die ungeliebten Arbeiten übernehmen.
Die brutalem Rassismus begegnen.
Von denen Unterwerfung und Assimilation erwartet wird.
Dass ihnen wirksame Integration angeboten wird.

9. Vision

Der Nachwächter

Hört ihr Leut' und lasst euch sagen:
Unsre Glock' hat drei geschlagen!
Dreifach ist, was göttlich heißt,
Vater, Sohn, und heiliger Geist

Menschenwachen kann nichts nützen;
Gott muss wachen, Gott muss schützen.
Herr, durch deine Güt' und Macht
Schenk uns eine gute Nacht!

Maria Magdalena

Der Herr, der hat mein Christum auferweckt,
und mich und andere erschreckt.
Drum sag ich diese Nacht euch an:
Es denke mit, wer denken kann.
Visionen sag ich an,
die Bünker, Karner, Maria Magdalena haben.
So wird die Osternacht euch zum Genuss.
Und nur die Auferstehung ist ein Muss.

Die Auferstehung der Österreicher

Orgelvorspiel: Felix Mendelssohn-Bartholdy,
Orgelsonate op. 65/1, Allegro assai vivace

Die Kuratorin einer Wiener evangelischen Innenstadtgemeinde

Liebe Gäste!
Die Botschaft dieser Nacht hat traditionellerweise etwas mit Tod und Auferstehung zu tun. Wer es genau wissen will, muss zu den Fachleuten gehen. Was den Tod anlangt, so gehen wir aber nicht zu den Ärzten und Pfarrern, sondern zu den Totengräbern. Das sind originelle, gemütlich-unheimliche Menschen, die ein Leben unter Toten führen – mit Verwesung als Parfüm.
Ist mit dem Tod alles aus? Ein Totengräber hat es mir erklärt: „Mir lassen den Sarg obe und Schluss basta. An Kolleg'n hamma genau so beerdigt. Mir kumman alle dran. Mir bleib'n nicht über. Wias im alten Sprichwort haßt: Wer andern eine Grube gräbt, fallt selbst hinein. Von uns san no alle in da Erd drin."
Der Totengräber passt auf, dass alle scheen ordentlich in der Erd lieg'n – wie die Rosinen in einem Kuchen. Der Tote hat nur die Möglichkeit, als a Toter dem Friedhof zu entkommen, nämlich – sagt der Totengräber: „Außer mir graben's aus!"
Hier bekommt der Beruf des Totengräbers eine göttliche Dimension. Wenn er net die Leichen ausgrabt, bleiben's ewig da drin in der Erd'n.
Ich habe eine Vision: Christus als Totengräber, der am jüngsten Tag alle Totengräber ausgrabt, damit sie auferstehen können. Und dann werden die Totengräber alle andern ausgraben. Auch die Auferstehung braucht eben ihr Personal.
Man muss halt die Wiener Dogmatik konsequent weiterdenken. A scheene Leich ist zu wenig – wir zwa wünschen uns

dazua „a scheene Auferstehung". Zuerst a würdige Enterdigung, die sich g'waschen hat; und dann – wie gesagt: a scheene Auferstehung mit alle Schikanen.
Es ist eigentlich a Schand' für die ganze Christenheit: Da gemma auf an „Milliardenevent" zua – und ka Mensch plant: ka UNO, ka EU, ka Kirchn, schon gar net der fromme amerikanische Präsident George Bush.
„Die schöne Leich" ist bei uns in Wien seit langem sprichwörtlich – aber können sich die Wiener und Wienerinnen auch „eine schöne Auferstehung" vorstellen? Wenn auch „die schöne Auferstehung" typisch für Wien werden könnte, das wär' doch was.
Aber wenn schon ein leibhaftiger kreativer Oberkirchenrat heut Nacht bei uns ist, dann könnte ich ihn ja eigentlich fragen, ob der Evangelische Oberkirchenrat A.u.H.B vielleicht gar die „schöne Auferstehung" vorbereitet?

Der kreative Oberkirchenrat

Es liegt vor ein Entwurf für eine schöne Auferstehung. Das Motto stammt von Georg Kreisler: „Der Tag wird kommen, wo die Leute ganz von selber Halleluja schreien."
Die schöne Auferstehung beginnt mit einem Konzert unter freiem Himmel, Posaunen, Tuben und Trompeten, so schwungvoll, dass es niemanden auf den Plätzen hält. Dann wird keine Parte mit Trauerrand ausgeschickt, sondern ein bisher unerhörter Klingelton, der nicht aufs Handy heruntergeladen werden kann, ertönt und ruft alle persönlich zur Auferstehung.
Statt Pompfüneberer mit schweren Schritten langsam und gemessen nachzugehen, bewegen sich alle leicht und beschwingt, und niemand wird mehr auf den Zeh getreten, schon gar nicht auf den Schlips, weil es keine Bekleidungsvorschriften mehr gibt und Krawattenknoten ein Kinderspiel geworden sind. Selbst schwarze Kleidung erscheint fröhlich und braucht keinen bunten Aufputz mehr. Die Kränze sind durch lebende Blumen ersetzt.

Dann kommt kein Nachruf, sondern eine Vorhersage für jeden und jede ganz persönlich.
Alle können alles werden, weil sie es schon sind.
Sie sind es, weil an jenem Tag Gott selbst alles in allem sein wird.
Wo es früher den Erdwurf gab, ist jetzt dreimal der liturgische Luftsprung vorgesehen.

Und alle stimmen ein in das Lob:
Frohlocket, ihr Chöre der Engel,
frohlocket, ihr himmlischen Scharen,
lasst die Posaune erschallen,
preiset den Sieger, den erhabenen König!
Lobsinge du Erde, überstrahlt vom Glanz aus der Höhe!
Dies ist die Nacht, in der Gott uns bewahrt,
uns befreit aus dem Sklavenhaus in Ägypten,
uns führt auf trockenem Pfad durch die Fluten des Meeres.
Dies ist die selige Nacht,
in der Christus die Ketten des Todes zerbrach
und aus der Tiefe des Todes als Sieger emporstieg.
Wahrhaftig, umsonst wären wir geboren,
und umsonst wären wir gestorben,
hätte uns nicht der Erlöser gerettet.

Lieber Gott, wann ich einmal tot bin, dann wünsch ich mir eine schöne Auferstehung!

Die Auferstehung der Österreicher – vier historische Meilensteine

Pastor criticus Helveticus

Die Eröffnung des ersten Heurigen unter Joseph II.

Wenn der Kaiser wiederkommt, dann würde er sich wahrscheinlich wundern, was für ein Zwutschkerl Österreich geworden ist und dass es kein Erbkaisertum mehr gibt – aber sonst würde es ihm ganz gut gefallen, das heutige Österreich. Vielleicht würde er sogar sagen, dass ihm eigentlich so etwas vorgeschwebt ist bei seinen Reformen und so, und es könnt' ja sein, dass man nur ein kleines Land vernünftig und aufgeklärt regieren kann.

Wenn der Kaiser Joseph wiederkommt, dann würd' ihm – glaub ich – die Demokratie ganz gut gefallen. „Das hätt' ich auch eingeführt", hör' ich ihn direkt sagen, „wenn ich nur die Leut' dazu gehabt hätte!"

Wenn der Kaiser Joseph wiederkommt, dann würde er sich über die katholische Kirche freuen. „Na also", würde er sagen, „jetzt habt's endlich eingesehen, dass ich recht g'habt hab mit meinen Maßnahmen. Ich hätt's nicht besser machen können als Ihr heute." „Was hat denn das mit Ihnen zu tun?", würde man ihm erstaunt antworten, „das ist doch der Geist des 2. Vatikanischen Konzils!" „Eben", würde der Kaiser sagen und lächeln.

Wenn der Kaiser Joseph wiederkommt, würde er sich über seine Protestanten freuen. „Brav", würde er sagen, „was ihr alles für die Ökumene tut's – und die Katholiken haben auch eine Menge von euch gelernt! Es war schon richtig, dass ich euch die Toleranz gegeben hab'!"

Das ist ein Stück Auferstehung in der österreichischen Seele, dass die Leut' nur einem Kaiser die Revolution verzeihen, und das Reformieren und das Renovieren!

Der Kreisky hat das g'wusst und der Schüssel erst recht. Den Gusenbauer hätten's g'fressen, wenn er so a Pensionsreform g'macht hätt'.

Wenn die „Proleten" mit vernünftigen Argumenten kommen, des is nix, des is „links".

Wenn aber die „allerhöchste Huld" im Spiel is, dann z'rinnt die österreichische Seele.

Wie Joseph II. den Prater und den Augarten für die Leut' hat aufsperren lassen, da waren die Aristokraten so richtig frustriert. „Majestät", haben's g'sagt, „jetzt gibt es in Wien keinen Ort mehr, wo man unter seinesgleichen ist." Darauf der Kaiser: „Meine Herren, wenn ich nur unter meinesgleichen sein wollt', dann müsst' ich in die Kapuzinergruft übersiedeln."

„Ja – wenn der Kaiser Joseph wiederkommt", sagt der Österreich, die Österreicherin, „aber das ist halt doch nur so eine futuristische Nostalgie!" Denn da müsst er ja wirklich aufersteh'n, der Kaiser – dabei liegt er ja immer noch in seiner „schiachen" Bleischachtel bei den Kapuzinern. Und de lassen eam net raus – sonst löst er womöglich noch ihr Kloster auf.

Aber Joseph II. hat's faustdick hinter seinen allerhöchsten, erlauchten Ohren: Der aufersteht ununterbrochen – und fahrt den Österreicherinnen und Österreichern in die krypto-monarchistisch-aufklärerische Seel' – und betreibt von dort aus die kaiserlich-königliche Revolution.

Und mit dem Heurigen war's grad aso. Früher ham nur die Adeligen an guaten Wein trunken – jetzt auch die Leut'. Und wo ausg´steckt war, mit an grean Buschn – da sans sogar alle an an (einem) Tisch g'sessn: wie beim himmlischen Abendmahl.

Drum: Bevor die Wienerinnen und Wiener ihr Fluchtachterl trinken, hams heimlich längst auf die „Französische Revolution" angstoßn: „Freiheit, Gleichheit, Brüderlichkeit!"

Sie glaub'n net an die „Auferstehung der Österreicher", dann schaun S' uns an.

Pastor criticus Augsburgensis

Creme Grenoble oder: Friedrich Torberg und die Auferstehung in der Konditorei Demel

Kennen Sie Creme Grenoble?
Ist wer da, der eine solche Creme zubereiten kann?
[Wenn ja] – Wunderbar! Bitte nachher ums Rezept!
[Wenn nein] – Schade, aber kein Wunder! Creme Grenoble ist was Seltenes, wie eine Geschichte von der Auferstehung beim Demel, von der ich jetzt erzähle.

Friedrich Heer soll gesagt haben, „Wir sterben alle – an Österreich". Am 16. März 1938 spricht Joseph Roth im Pariser Exil über den Einmarsch der Deutschen in Wien und den Empfang, der ihnen nur hier – nur hier! – derart freundlich bereitet wurde. Er spricht von der Wiederherstellung, der Auferstehung eines freien Österreich, das sollte noch einige tausend Jahre dauern. Roth schreibt: „Eine Welt ist dahingeschieden, und die überlebende Welt gewährt der toten nicht einmal eine würdige Leichenfeier. Keine Messe und kein Kaddisch wird Österreich zugebilligt."
Heer setzt fort, dass die „Wiedergeburt" in den Kerkern begann, „im Angesicht des Galgens", und bei Österreichern wie Karl Renner, die vorher Anschlussbefürworter gewesen waren und jetzt sagten: „Der Anschluss ist tot." (Renner 1944)
Zu ihrem eigenen Erstaunen haben sie bemerkt, dass sie sich nicht mehr als Deutsche, sondern als Österreicher erlebten.
Das Geschick von Joseph Roth macht Friedrich Heer zum roten Faden im Epilog seiner monumentalen Studie *Der Kampf um die österreichische Identität.*
Joseph Roth als der typische österreichische Patriot, „ständig angefochten, immer wieder verfolgt, in äußere und innere Emigration gewiesen, am stärksten und furchtbarsten angefochten in ihren Herzen, in ihrem Glauben an Österreich, der so oft in ihnen selbst starb. Und wieder aufstand."

Bruno Kreisky schlägt in seinen Memoiren ganz ähnliche Töne an: „Die Österreicher haben vom ersten Tag der Befreiung an, also ab dem 27. April 1945, die Wiederauferstehung Österreichs trotz allen Elends als großes Glück empfunden. Es gab im Unterschied zum 12. November 1918 keine Katastrophenstimmung, obwohl das Land noch schlechter dran war als damals.
Die einen hatten zu jener Zeit um ein versunkenes Reich getrauert, die anderen vom Aufgehen in einem neuen Reich geträumt, und fast niemand wollte die eigenständige Republik. Die konnte man sich einfach nicht vorstellen. 1945 war das gerade Gegenteil der Fall. Über Nacht war ein österreichischer Patriotismus entstanden, wie ich ihn bis dahin nie wahrgenommen hatte."
1958 schreibt Torberg eine kleine Geschichte über die K. u. K. Hofzuckerbäckerei Demel am Kohlmarkt unter dem Titel „Urbis Conditor", also nicht nur Konditorei der Stadt, sondern, wenn man's genau übersetzt, „Schöpfer der Stadt", als wäre Wien nicht von heiligen Stiftern erschaffen, sondern von Konditoreien.
Ich kann dem schon zustimmen, würd' aber noch den Heurigen dazutun, ein sehr gutes Beisel natürlich und dann auch den Würstelstand. Alles Konditoren, Gründer, Schöpfungseinrichtungen der Stadt!
Zurück zum Demel: bekanntlich wird dort der Gast in einer eigentümlichen Weise angeredet, nämlich in einer Mischung aus Majestätsplural und unpersönlicher Distanz.

Etwa so:
Wünschen die Karte?
Wurden schon bedient?
Haben schon gewählt?

Wer's nicht glaubt, muss selber einmal hingehen.
Dazu die beinahe ordenähnliche Tracht der Serviererinnen, das alles hat sie zu echten „Demelinerinnen" gemacht, Priesterin-

nen einer ganz besonderen Religion, wie Helmut Qualtinger einmal sang.
Torberg war Stammgast vor 1938 im Demel, er wurde immer von Frau Paula bedient. Sie kannte ihn, er kannte sie nicht.
Nun: Torberg war sich nicht sicher, ob er aus dem Exil in den USA zurückkommen sollte oder wollte.
Er tat es schließlich und mit einem bestimmten Bauchweh.
Und ging eines Tages auch wieder in den Demel.
Er wusste, dass die Frau Paula da war und setzte sich ungefähr dorthin, wo er mehr als zehn Jahre davor auch gesessen.
Er schreibt, er war aufgeregt, bissl Herzklopfen.
Da erscheint die Frau Paula, sieht ihn.
Er rechnet mit dem Üblichen: Begrüßungsfreude, echt oder vorgetäuscht, die üblichen Fragen hin und her und so weiter.
Nichts davon geschieht.
Frau Paula dreht sich wortlos um.
Hat sie ihn nicht erkannt?
Will sie ihn nicht erkennen?
Während er noch nachdenkt, ist sie schon an seinem Tisch, stellt einen hohen Kelch vor ihn hin und sagt:
„Ich glaube, das haben noch nicht gehabt."
Das war alles, was sie sagte.
Und in dem Kelch war „Creme Grenoble", eine Köstlichkeit aus Haselnuss, Cointreaupflaumen, Eis, Obers und noch mehr.

Für mich ein Bild der Auferstehung:
Nach der Nacht,
nach der Fremde,
nach dem Tod
der Morgen,
die Heimkehr,
das Leben.

Und die ersten Worte:
Das haben noch nicht gehabt.
Dass mich an der Himmelstür
nicht ein Petrus begrüßt,

womöglich muffig und grantig,
sondern eine Frau Paula
in professioneller, echter, ungeheuchelter Freundlichkeit,
und als erstes eine Köstlichkeit serviert,
die allen Tod und Schrecken vergessen lässt.
Die Auferstehung,
die uns abgilt,
was noch aussteht.
Was noch nicht gewesen ist.
Was noch nicht sein konnte.
Und sehr österreichisch!

Denn unsere Landsleute, da bin ich sicher, stellen sich den Himmel und die Hölle auch gastronomisch vor. Mit was zum Trinken und – mit was zum Essen.

Pastor criticus Augsburgensis

Die österreichische Küche und die süsse Auferstehung

Sicher ist:
Die Creme Grenoble,
die der heimgekehrte,
der auferstandene Friedrich Torberg von Frau Paula,
der Priesterin des wiedergefundenen Lebens,
serviert bekam, die Creme der Auferstehung,
die Creme des ewigen Lebens,
diese Creme Grenoble ist süß, unverschämt süß.
Weil das Süße der Geschmack des Himmels ist.

Auch Jesus im Evangelium, als er am Ostermorgen seinen Jüngern erscheint und sie fragt: Kinder, habt's ihr nix zum Essen?
Isst Fisch und – Honig!
Süßes.
Das Süßeste, das es zu seiner Zeit gab.
Heute ganz unvorstellbar, wo es wimmelt von Schokoosterhasen und Schokoladeeiern.

Süß ist das Fließen der Gottheit.
Was findet der Österreicher süß?
Fast alles.

Die Madln sind süß,
die Buam sind süß.
Die Kinder sind sowieso süß.
Und Rilke irrte sich,
Engel sind nicht etwa schrecklich,
wo komm ma denn da hin,
sondern natürlich auch süß,
die kleinen Bauxerln.
Sogar die Gurkerl gibt es süß,
am Salat muss ein bissl Zucker drauf,
das Kraut wird in karamelisiertem Zucker gedünstet,
auch ein Senf ist süß,
der Paprika ist sogar edelsüß.
Und zur echten Besetzung der Schrammelmusik
gehört ein „picksüßes Hölzl".
Ja, sogar der Tod wird gezuckert,
komm, süßer Tod,
so nennt Wolf Haas seinen Krimi,
so verösterreichert er den Vers von Johann Sebastian Bach.
Komm, süßes Auferstehen!
Der Geschmack von Honig und Creme Grenoble
als Vorgeschmack des Kommenden.
Da müsst es doch auch eine süße Kirche geben,
ist das denkbar?
Keine zuckerlrosa Kirche.
Aber eine süße Kirche wäre mir persönlich
auf jeden Fall lieber als eine hantig-bittere Kirche,
oder eine saure,
oder eine versalzene,
die den Menschen die Freud am Leben nimmt.
In meiner süßen Kirche ist das Wort „Mein Gott, ist das siaß!"
kein Hinweis auf unerträgliche Heuchelei,

auf eine Weltsicht durch die rosarote Brille
und religiösen Kitsch ist,
sondern auf die Widerstandskraft der Auferstehung!

Lieber Peter, wollt ihr Reformierten lieber picksüß oder edelsüß sein?
Wir Lutherischen nehmen dann das andere.

Pastor criticus Helveticus

Das „Wunder" Staatsvertrag

1955 ist das „freie Österreich" wieder auferstanden. Wir, die wir es miterlebt haben, wissen, dass der Staatsvertrag auch ein Ereignis für die „österreichische Seele" war. Es war, als seien wir vom Glauben ins Schauen gekommen.
Aber längst wissen wir auch, dass die Auferstehung der Österreicher kein einmaliges Ereignis ist – sondern ein Vorgang, der bis zur Auferstehung der Toten dauern wird.
Unsere „post-resurrektionale Mentalität" hat uns immer verraten: Zum Beispiel – der amerikanische Außenminister Dean Gooderham Acheson kommt zu einem offiziellen Besuch nach Wien – und findet anerkennende Worte:
„Die Österreicher sind wirklich sehr höfliche Leute. Wo immer ich auf meiner Reise durch Europa hinkam, habe ich gelesen: Acheson go home. Nur in Österreich lauteten die Aufschriften: Mister Acheson go home."

Und noch ein Beispiel: Nikita Chruschtschow bezeichnet bei einer der zahlreichen Feiern in Moskau seinen Gast Julius Raab als Kapitalisten. Worauf dieser auf die reich gedeckte Tafel blickt und kontert:
„Herr Chruschtschow, der eine bleibt ein Lebtag ein armer Kapitalist und der andere bringt's zum reichen Kommunisten."
Was ist wirklich passiert?

Im April 1955 reist eine Regierungsdelegation nach Moskau, um die Verhandlungen um Österreichs Staatsvertrag zum

Abschluss zu bringen. Staatssekretär Bruno Kreisky, bei der Rückkehr aus Moskau 1955:
„Die Verhandlungen waren sehr sachlich. Erst als alles ausgehandelt war, hatten wir eine angenehme Stimmung, ein bissl eine Hetz. Aber es ist weder Alkohol geflossen, noch sind Wienerlieder gesungen worden."

Aber diese sachliche Schilderung wird dem Ereignis nicht gerecht. Da muss ein Schuss Humor und Witz hinein.
Nach der Rückkehr der österreichischen Delegation, die die Staatsvertragsverhandlungen in Moskau erfolgreich zu Ende brachte, wird Julius Raab von einem deutschen Journalisten gefragt: „Eine offene Frage, Herr Bundeskanzler: Warum haben die Russen letztlich nachgegeben?" Und Raab weiß, was man von ihm erwartet und sagt: „Weil wir eine so furchterregende Nation sind." Und als man von ihm wissen will, warum er zu den Staatsvertragsverhandlungen in Washington nur in Begleitung eines Sekretärs, nach Moskau aber an der Spitze einer großen Regierungsdelegation gereist sei, antwortet Raab trocken: „In Washington hab i mi net so g'fürcht!"
Aber was jetzt immer noch gefehlt hat, um dem Erlebnis des Staatsvertrags gerecht zu werden, war die Mythologie, das Wunder. Man bedenke: Nach hunderten ergebnislosen Verhandlungen endlich ein Durchbruch. Laut der wohl berühmtesten Karikatur dieser Zeit sind also die österreichischen Erfolge so zustande gekommen: Den Delegationen gehören neben dem Kanzler Raab und dem Außenminister Figl auch der russische Außenminister an. Raab spielt Zither und Figl flüstert ihm ins Ohr: „Und jetzt, Raab, jetzt noch d' Reblaus, dann sans waach." Und Molotow und alle Kremlherren schluchzen und ihre Rührung erfüllt die Räume des Kremls.
Und zugleich hat der Wundergedanke auch die typische österreichische, aber oft unnötige, Bescheidenheit transportiert.
Nicht unsere diplomatische Leistung war's – sondern ein Wunder, ein Geschenk. Das riecht schon sehr nach evangelischer Rechtfertigungslehre.

Mit dem Wirtschaftswunder ist übrigens das Gleiche passiert. Frage: Was ist der Unterschied zwischen dem deutschen und österreichischen Wirtschaftswunder? Antwort: Das deutsche Wirtschaftswunder basiert auf Fleiß und Arbeit, das österreichische Wirtschaftswunder ist wirklich ein Wunder!
Nach dem Festakt und einem anschließenden Bankett werden die Würdenträger auf der Freitreppe des Schlosses Belvedere verabschiedet. Der goldbetresste Lakai ruft aus: „Cadillac für Exzellenz Dulles!“ „Wolga-Limousine für Exzelllenz Molotow!“ „Rolls Royce für Exzellenz Maxmillan!“ „Citroen für Exzellenz Pinay!“ Und dann: „Galoschen für Exzellenz Figl!“
Unsere Bescheidenheit feiert fröhliche Urständ’. Es ist schlimm genug, dass wir Österreicher so tüchtig sind, aber zugeben müssen wir’s nicht.

Margit Koller

Universitätsprofessorin für Hygiene und Auferstehung

Du schenkst deinen Menschenkindern Freiheit, Gott,
weil sie sonst nicht leben können.
Du wälzt den Stein vor jedem Gefängnis weg –
und darum hoff ich auf dich.

Wälz auch die Steine aus Gold weg, Gott,
sie glänzen zwar für meine Mitmenschen,
aber sie verkrümmen doch meine Seele.

Wälz den Stein weg, Gott,
dass ich heraus kann aus dem Gefängnis meiner Rollen,
in das mich meine Anständigkeit gebracht hat.

Wälz den Stein weg, Gott,
dass ich heraus kann aus dem Gefängnis meiner Sicherheit,
in das mich meine Vorsicht gebracht hat.

Wälz den Stein weg, Gott,
dass ich heraus kann aus dem Gefängnis meiner Erfolge,
in das mich mein Ehrgeiz gebracht hat.

Wälz den Stein weg, Gott,
dass ich heraus kann aus dem Gefängnis meiner Bravheit,
in das mich meine Erziehung gebracht hat.

Lass' den Stein liegen, Gott,
der auf den eingefahrenen Geleisen meines Lebens liegt,
dass meine Zufriedenheit entgleisen kann.

Wir haben für uns gebetet, lieber Gott,
und für alle Menschen,
die so empfinden wie wir.
Lass' uns immer wieder aufstehn, lieber Gott.

Bin ich wirklich tot?

Ein patriotischer Pfarrer

betet die Patriotenlitanei, ein Gebet für den Nationalfeiertag.
Die Besucher der Osternacht summen dazu die Bundeshymne.

Patriotenlitanei

Gott, wir beten vor dir für Österreich
Und bitten dich:
Gib, wo nötig, Kraft zum Aufstehen und Mut zum Widersetzen.

Wir beten vor dir für die österreichischen Losigkeiten.
die Gedankenlosigkeit,
die Prinzipienlosigkeit,
die Gefühllosigkeit,
die Verantwortungslosigkeit,

Gott, wir beten vor dir für Österreich
Und bitten dich:
Gib, wo nötig, Kraft zum Aufstehen und Mut zum Widersetzen.

Wir beten vor dir für die österreichischen Feindlichkeiten.
für die Kinderfeindlichkeit,
die Ausländerfeindlichkeit,
die Judenfeindlichkeit,

die Menschenfeindlichkeit
und ihre Zwillingsschwester, die Tierliebe.

Gott, wir beten vor dir für Österreich
Und bitten dich:
Gib, wo nötig, Kraft zum Aufstehen und Mut zum Widersetzen.

Wir beten vor dir für österreichische Eigenschaften,
für den Charme, der geschützt werden muss,
und den Wiener Grant,
und die Schlampigkeit,
und die Wurschtigkeit,
die Falschheit und Schlitzohrigkeit,
die politische Dummheit,
die Leichtgläubigkeit
und Schwergläubigkeit,
für die Gefährlichkeit des goldnen Wiener Herzens.

Wir beten vor dir für die Krankheiten der österreichischen Seele,
die Verdrängungen,
die Neurosen,
die Zwangshandlungen,
für die Minderwertigkeit
und den Sinnverlust,

Wir beten vor dir für die typisch österreichischen
Errungenschaften,
die politische Farbenlehre,
die Sozialpartnerschaft,
für die Pragmatisierung,
die Zulagenregelungen,
den Amtsweg,

Wir beten vor dir für die Unverbesserlichkeiten des Landes,
fürs Fernsehprogramm,
die Zeitungen,
für die Bausünden,
die Parolen auf den Plakaten der politischen Parteien,

für alle Wahlonkel,
die Geld, Autos, ja ganze Täler
an notleidende Politiker verschenken.

Wir beten vor dir für die Seligkeiten,
für die Walzerseligkeit,
die Vergessensseligkeit,
die Feindseligkeit,
die Heurigenseligkeit.

Wir beten vor dir für unseren Wein,
für den Grünen Veltliner, den Welschriesling,
den Muskat Ottonell, für Isabella und Backo,
für Uhudler und Schilcher,
für Ruländer und Scheurebe,

Wir beten vor dir für die Bundesländer,
ihre Besonderheiten,
die auch ihre schrecklichen Hymnen erträglich machen,
für Steirisches Kernöl,
für Kärntner Nudeln,
für Salzburger Nockerl,
für Wiener Schnitzel,
die Linzer Torte,
ein Martinigansl,
Vorarlberger Bergkäse und Tiroler Gröstl,
für eine Waldviertler Mohnzelte.

Wir beten vor dir für unsere Osterzeuginnen und Osterzeugen,
für die ehrlichen Politiker und Politikerinnen,
für die glaubwürdigen Kirchenleute,
für die lernbereiten Lehrer und Lehrerinnen,
für die Ärzte und Ärztinnen,
die selber auch krank sein können
und trotzdem da sind, wenn sie gebraucht werden.

10. Vision

Der Nachtwächter

Hört ihr Leut' und lasst euch sagen:
Unsre Glock' hat vier geschlagen!
Vierfach ist das Ackerfeld;
Mensch, wie ist dein Herz bestellt?

Alle Sternlein müssen schwinden,
Und der Tag wird sich einfinden.
Danket Gott, der uns die Nacht
Hat so väterlich bewacht!

Maria Magdalena

Der Herr, der hat mein Christum auferweckt,
und mich und andere erschreckt.
Drum sag ich diese Nacht euch an:
Es denke mit, wer denken kann.
Visionen sag ich an,
die Bünker, Karner, Maria Magdalena haben.
So wird die Osternacht euch zum Genuss.
Und nur die Auferstehung ist ein Muss.

Ich lass' mir meinen Aberglaub'n durch ka Auferstehung rauben!

200 Jahre nach Nestroys Geburt

Ein Mitglied der Zensurkommission

Zeitreise ins 19. Jahrhundert

Liebe Krähwinkler und Krähwinklerinnen,
der Herr von Nestroy dürfte Ihnen ja weidlichst bekannt sein: durch seine ordinären Dialektstücke und als Teilzeithäfenbruder, wenn ihn halt wieder einmal die Zensur erwischt hat – weil ihm nichts heilig ist, diesem gottlosen Spötter. Er scheint ja eine besondere Lust zu haben, sich an den heiligen Personen wie seiner Apostolischen Majestät, unsern geliebten Kaiser, und an seinen Ministern, ja sogar an der Heiligen Dreifaltigkeit zu vergreifen.
Aber was er jetzt, bei seiner letzten Premiere, getan hat, das bringt selbst das Fass engelsgleicher Geduld zum Überlaufen:
O Lästerung aller Lästerungen – er hat sich an uns Protestanten vergriffen; an den evangelischen Christen, die allen Verfolgungen zum Trotz und gerade wegen ihrer geringen Zahl immer Salz und Licht Österreichs gewesen sind. In einem Couplet, das an die blutigen Zeiten der Gegenreformation erinnert, spottet er:

Als „evangelisch“ entsprossen,
Erziehung genossen,
theologisches Wissen, auch nicht zu vermissen.
Die Bildung beweist es, des Herzens und Geistes.
Und Erfolge im Leben intentieren sie eben.
Dazu ein ehrliches, anständiges Betrag'n –
das alles denkt man sich drunter,
wenn man „evangelisch“ hört sag'n.
Doch's gibt viel', die seh'n net ein,
warum sie „sichtbar evangelisch“ soll'n sein:
sie sind keine frommen Tanten – nur Geheimprotestanten.

Am Karfreitag und z'Weihnachten, da tauchen sie auf,
und geben gern noch „Ein feste Burg“ drauf.
Und wenn sie was zahlen soll'n, dann treten sie aus.
Und hören sie von „Kirche“, tun sie dreh'n sich und winden –
um immer a neue Ausred' zu finden.
Und doch wird auch „evangelisch“ genannt diese Sort':
Ja, hat denn die Sprach da ka anderes Wort?
Ja, hat denn die Sprach da ka anderes Wort?

Liebe Krähwinkler, liebe Krähwinklerinnen,
zugegeben: Wir Evangelischen in Österreich können uns nicht mit den großen Kirchen vergleichen. Aber wir haben alles, was die anderen haben:
Wir haben sogar drei Kircherln; und zwei Synoderln und ein Generalsynoderl; und viele Pfarrgemeinderln; und ein Disporatscherl; und ein Kirchenbeitragerl und hie und da ein kleines Defiziterl; und ein Religionsunterrichterl; und ein Ökumenerl; und ein Perikoperl mit einem alten Testamenterl; und ein Auferstehungerl und ein Osternachterl ...

Ein Satanismusexperte
betet die

Litanei von der Niedertracht

Johann Nepomuk Nestroy war gefürchtet.
Seine Gemeinheiten,
seine Bosheiten,
seine ganze Niedertracht.
Eine seiner Gaben war offensichtlich,
zu ganz harmlos klingenden Sätzen und Worten
derartige Gebärden und Mimik zu machen,
dass der Sinn des Gesagten ins Gegenteil,
ins Zotenhafte, ins Ekelerregende verrutschte.
So wohl auch, wenn er zwei Teufel
über die Natur des Menschen räsonieren lässt.
Einen gutmütigen Teufel und einen teuflischen Teufel.

Teuxel, Teuxel!
Zwei Teufel streiten.
Beelzebub und Satanas.
Sagt der eine:
Die Menschen sind schlecht!
Meint der andre:
Die Menschen sind gut.
Teuxel, Teuxel!
Je nachdem, wie man's sieht.

Ja, Satanas hat recht.
Die Menschen sind schlecht.

Niederträchtig.
Gemein.
Selbstsüchtig.
Verlogen.
Schleimig.
Korrupt.
Feig.
Ausnützerisch.
Egoistisch.

Ja, Beelzebub hat recht:
Die Menschen sind gut:

Hochachtend
Aufrichtig
Ehrlich
Tapfer
Selbstlos
Verantwortungsvoll
Treu.

Teuxel, Teuxel!

Ja, Satanas hat recht.
Die Menschen sind schlecht.
Ängstlich.

Raunzend.
Jammernd
Starr
Bösartig
Hasserfüllt
Verachtungsvoll
Unberührbar und kalt.
Jeder Blick in die Zeitung
und in den Spiegel zeigt es.

Ja, Beelzebub hat recht.
Die Menschen sind gut.

Mutig.
Hoffnungsstark
Bewegend
Gutdenkend
Liebevoll
Respektvoll
Berührend und ergriffen.
Jeder Blick in die Zeitung
und in den Spiegel zeigt es.

Dieselben Menschen?
Da voll Niedertracht?
Dort voll Großmut?
Teuxel, Teuxel!
Was macht den Unterschied?
Ist das eine der Karfreitag
und das andere Ostern?
Macht Ostern den Unterschied.
Das Auferstehn aus der Niedertracht,
so dass selbst jeder zweite Teufel –
immerhin 50 Prozent! –
zähneknirschend erkennt:
Die Menschen sind gut!
Und dann auch bekennt:

Jesus ist auferstanden.
Er ist wahrhaftig auferstanden.
Amen

Ich lass' mir meinen Aberglaub'n
durch ka Auferstehung rauben!
Will' eigener Vernunft vertrau'n,
kann dem Bibelwort nicht glauben!
So red' manch' Christenmensch daher.
Ging' er bei Nestroy in die Lehr',
könnt' er zu Ostern lachen!

Pastor criticus Augsburgensis:

„Hätt' i nur die Pappn g'halten!"

Wieder einmal haben wir etwas Unmögliches vor.
Osternacht mit Johann Nepomuk Nestroy!
Und zwar so, dass wir ihn als österlichen Lehrmeister bemühen wollen.
In vier kleinen Schritten, die jeweils ein Motiv aus den Ostergeschichten der Evangelien aufnehmen. Motive, die darüber Aufschluss geben, wie Menschen eben auf die Auferstehungsbotschaft reagiert haben. Diese Reaktion wird mit Nestroy-Couplets und Evangelientexten – was für eine Zusammenstellung! – kombiniert und der gängigen Weltweisheit und Weltanschauung der Leute gegenübergestellt.
Übrigens: Die erwähnten Couplettexte sind aus streng geheimen, bisher unbekannten Nestroyarchiven und von uns beiden in mühevoller Arbeit entziffert worden.

Also: Mit Nestroy und dem Evangelium für Ostern und gegen die Weltweisheit, die sich meistens als riesengroße Dummheit entlarvt.
Der erste Spruch der Weltweisheit heißt:
Hätt' i nur die Pappn g'halten! Manchmal noch mit einem herzhaften „Jessas!" davor christlich verbrämt („Jessas, hätt' i nur die Pappn g'halten!"), aber das ist nur Staffage.

Die dazupassende Evangelienstelle ist – wie sollte es anders sein – Markus 16, 1–9!

Großes Rätselraten – ist der Schluss des Markusevangeliums echt? Hat es wirklich so aufgehört? Fehlt da nicht etwas? Ist womöglich etwas verloren gegangen?
Die Gelehrten stellen sich vor: Irgendwer hat den Codex abgeschrieben und gibt ihn weiter: Du, da fehlt ein Blatt!
Na, wird schon nichts Wichtiges sein! Wird schon niemandem auffallen!

Aber stellen wir uns vor, es hätte wirklich so aufgehört. Sie hätten wirklich niemandem etwas gesagt.
Was wäre dann geschehen?
Die Jünger wären nach einiger Zeit wieder heimgegangen.
Das Abenteuer war vorbei.
Jeder und jede dorthin, von wo sie gekommen sind.
Petrus ins Fischerboot, der Zöllner Levi auf seine Zollstation, Maria Magdalena in die Fischverarbeitung, Herstellung von Sardinendosen.

Und jetzt müsste ich Ihnen aufzählen, was es ohne Ostern alles nicht geben würde. Das Gute müsste genannt werden – aber auch das Schlechte! Dieses Gleichgewicht aus Selbstbestätigung und Selbstzerfleischung nennt man das protestantische Prinzip, es entspringt dem anderen Gleichgewicht aus Selbstliebe und Selbsthass, das dogmatisch unter „simul iustus et peccator" bekannt ist.
Ich möchte aber all das nicht tun und erlaube mir abzukürzen. Es würde ohne Ostern uns hier nicht geben, keine Osternacht und auch keinen – mit Verlaub – Peter Karner! Apropos Peter Karner! In den geheimen Nestroyarchiven fand sich auch eine Coupletstrophe zum bekannten Refrain „Es ist alles nicht wahr" aus der *Verhängnisvollen Faschingsnacht*, die konfessionskundlich interessant ist:

„Ein Christenmensch denkt, dass er reformiert sei:
die liturgischen Farben sind ihm ganz einerlei!

Hört er Calvin und Zwingli, ja dann kennt er sich aus,
wohingegen der Luther ist ihm eher ein Graus.
Doch nach einem Mal Karner wird ihm plötzlich klar:
Es ist alles net wahr! Es ist alles net wahr!"

Aber Ostern braucht es, dass jemand jemandem etwas sagt davon. Dass es nicht für sich behalten wird.
Einer der ersten, der etwas davon gesagt hat, ist dafür prompt ausgelacht worden. Paulus in Athen.

Vielleicht hat sich nach ihm so mancher Apostel und so manche Apostelin wirklich gedacht:

Auf humanistisch gebildet:
Si tacuisses, philosophus mansisses!

Oder auf gut wienerisch – nestroyisch:
Hätt' i nur die Pappn g'haltn!

Der, der da kein Risiko eingeht, quasi der Berater derjenigen, die niemandem etwas sagen, ist der Herr Tatelhuber aus der schon erwähnten *Verhängnisvollen Faschingsnacht* von 1839: Der Refrain heißt: Soll ich das riskier'n? Nein, justament nicht!

„Bei Jesus ein Jünger sein war gar nicht schlecht.
Geheilt wurden Kranke, der Wein wurd' gezecht.
Aber jetzt soll'n wir alle von Ostern derzähln?
Was G'scheites kann sich da wirklich niemand vorstell'n!
Durch mich soll gepredigt werd'n die ganze G'schicht?
Soll ich das riskier'n? Nein, justament nicht!
Soll ich das riskier'n? Nein, justament nicht!

Ostersonntag bleib ich lieg'n, weil ich gern a Ruah hab.
Muss partout nicht hinaus und spazier'n zu sein'm Grab.
Die Frau'n zu begleiten kommt mir auch nicht in Sinn,
weil Jesus ist morgen sicher auch noch dort drin.
Am End ist das Grab leer und man findt' ihn nicht?
Soll ich das riskier'n? Nein, justament nicht!
Soll ich das riskier'n? Nein, justament nicht!
Wenn jemand begrab'n ist, soll er geb'n eine Ruah.

Deswegen deckt man das Grab auch mit große Sta zua.
Wer aufersteht, könnte aufständisch auch sein,
und gleich mischt sich Polizei und Zensur ein.
So schnell wird's politisch, wanns'd red'st von der G'schicht!
Soll ich das riskier'n? Nein, justament nicht!
Soll ich das riskier'n? Nein, justament nicht!"

Also: Trotz Markus 16,1–9 und entgegen der Ängstlichkeit des Herrn Tatelhuber:

Ostern ist riskant, weil das Auferstehen riskant ist.
Wer davon reden will, geht auch ein ganz schönes Risiko ein: ausgelacht werden, verjagt, für dumm gehalten, nicht ernst genommen –

Es sind halt nicht viele, die sich ihren Aberglaub'n durch d' Auferstehung rauben lassen!

Pastor criticus Helveticus:

„MIR KAN KANA WAS VORMACHEN."

Die zweite Lebensweisheit lautet: „Mir kann kana was vormachen." Dazu Johannes 20/11–18:
Maria aber stand draußen am Grab und während sie nun weinte, beugte sie sich vor in das Grab. Und sie sieht zwei Engel in weißen Gewändern dort sitzen, wo der Leib Jesu gelegen war, den einen beim Kopf, den anderen bei den Füßen. Und die sagen zu ihr: Frau, was weinst du? Sie sagt zu ihnen: Sie haben meinen Herrn weggenommen, und ich weiß nicht, wo sie ihn hingelegt haben. Das sagte sie und wandte sich nach hinten, und sie sieht Jesus dastehen, sie wusste aber nicht, dass es Jesus war. Jesus spricht zu ihr: Frau, was weinst du? Wen suchst du? Weil sie meint, es sei der Gärtner, sagt sie zu ihm: Herr, wenn du ihn weggetragen hast, dann sag mir, wo du ihn hingelegt hast, und ich will ihn holen. Jesus spricht zu ihr: Maria! Da wendet sie sich um und sagt auf Hebräisch zu ihm: Rabbuni!, das heißt Meister. Jesus spricht zu ihr: Rühr mich nicht an!

Denn noch bin ich nicht hinaufgegangen zum Vater, gehe aber zu meinen Brüdern und sage ihnen, ich geh hinauf zu meinem Vater, und zu eurem Vater, zu meinem Gott und zu eurem Gott. Maria aus Magdala geht und berichtet den Jüngern: Ich habe den Herrn gesehen, und dass er dies zu ihr gesagt habe.

Das folgende Couplet ist aus *Der Färber und sein Zwillingsbruder*:

„'s lasst d' Maria, um als Apostelin zu figuriern,
d' Auferstehung für sich selber passieren.
Erst redt's mit den Engeln, zwa weißen Gestalten;
und den Gärtner tuat's für Herrn Jesus gar halten.
Und er wird's schon berufen, denkt sie sich dabei:
Das, wer'n S' doch erlaubn, das is Schwärmerei.
Das, wer'n S` doch erlaubn, das ist Schwärmerei."

„Mir kann kana was vormachen!" Das war schon immer der Wahlspruch des Gärtners Simon. „Wer auf an Friedhof arbeit't, der hat kane Illusionen mehr. Tot ist tot – und aus is aus!" Und auf die schöne, große, neue Gruft von dem reichen Herrn Arimija oder Jerimattäa, oder wie der g'heißen hat, war der Gärtner Simon ganz besonders scharf. Er war einfach neugierig, wer da reinkommen wird. Des wird ja wohl a „b'sondere Leich" sein, hat er sich gedacht. Aber, wie gesagt: „An Gärtner kann niemand was vormachen!" Und natürlich hat er g'sehn, wen s' da in die Gruft g'legt hab'n, den Gotteslästerer da. Eh schon wissen! Mit dem der große Wirbel war, die letzten paar Tag'. Aber was ein richtiger Gärtner ist, der lasst sich durch so einen komischen Wunderrabbi net narrisch machen. Der halt was auf seinen „Gärtnerglauben": So hat er g'sagt: „Mit die Leut' is wia mit de Bleamerln. Sie werden ausg'sät, dann wachsen s', dann blühn s' wunderschön, dann werden s' welken und verdorren, und dann werden s' ausg'rissen. So hab' i's g'lernt, aber bei an anständigen Rabbi. I waß sogar no, wo des steht, vielleicht kennen S' es eh, Psalm 19, Vers 5–6. Das ist ein Gärtnerglaube, mir kann niemand was vormachen! Verdorrt is verdorrt, da wachst ka Gras mehr. Nur wissen S', die Verruckte, die da um die Gruft

herumgeschlichen ist, die hat sogar des Gras wachsen g'hört. I sag Ihnas, wann i der Herr Nestroy wär', hätt' i ihr g'sagt: ‚Fräulein, Sie hörn scho des Gras wachsen, in des amal beißen werden.' Übrigens, des Kräwegerl von aner Frau, wie die den Stein von der Gruft weggrollt hat, des is ma schleierhaft. Und dann hat s' a no so g'spreizt in die Gruft einegredt, als wann dort wer sitzen tatert und nur g'wart hätt' auf sie. ‚Sie haben meinen Herrn weggenommen, und ich weiß nicht, wo sie ihn hineingelegt haben', des hat s' g'sagt. Aber kaum hat s' mi g'sehn, da wollt' s' des mir anhängen. Als wann i haß' war auf a Exhumierung! I bin froh, wann die drin san in der Gruft und durt bleib'n. Aber bitte, sonst war s' sehr höflich, die Verruckte. Sie hat immer ‚Meister' zu mir gesagt. So was g'fallt an ‚Gruftpflege-Anwärter-Kandidaten'. Nur wia's anlassig hat werden wollen, da hab i g'sagt: ‚Hände weg, Fräulein, rühren Sie mich net an!' Irgendwie hab i des G'fühl, sie hat mi' mit jemand andern verwechselt. I kann mir vorstellen, was die für an Blödsinn weitererzählt haben wird, wie s' weggangen ist.
Aber, so wie Sie da ausschauen, Sie glauben, scheint's a, dass damals irgendwas B'sonders passiert ist. Aber mir kann kana was vormachen. I bin schließlich ein Zeitzeuge, denn i war dabei."

Pastor criticus Augsburgensis:

„I GLAUB NUR, WAS I SIECH!"

Johannes 20, 24–31: „Thomas aber, der Zwilling genannt wird, einer der Zwölf, war nicht bei ihnen, als Jesus kam. Da sagten die anderen Jünger zu ihm: Wir haben den Herrn gesehen. Er aber sprach zu ihnen. Wenn ich nicht in seinen Händen die Nägelmale sehe und meine Hand in seine Seite lege, kann ich's nicht glauben."
Acht Tage später kommt Jesus, Thomas erkennt ihn sofort: mein Herr und mein Gott!
Jesus: Selig, die nicht sehen und doch glauben.

Weinberl – von Nestroy selbst gespielt 1842, aus *Einen Jux will er sich machen* singt: Das is a verruckte Idee!

„Es ist schlecht, wenn man z'spät kummt, weil man was versäumt,
und nicht immer bekommst noch a Chance eingeräumt.
Hast a Pech g'habt, so hört es der Thomas auch glei,
warum warst im Wirtshaus und nicht da dabei!
Der Thomas sagt: Pech gibt's mit Jesus g'wiss kans,
ihr wird's es schon sehn, ich sag euch nur ans:
Ich glaub erst, wenn ich seine Wundmale seh.
Das ist a verruckte Idee, a verruckte Idee, a verruckte Idee.

Was soll man heut glaub'n, es ist reichlich schwer.
Weil die eine sagt das, etwas anderes der.
Herr Berger nennt das eine Zwangshäresie.
und weil's nur mit Zwang geht: Zufrieden bist nie!
Doch Glauben heißt erstmal: So frei kann ich sein,
egal, ob was passt in mein Weltbild hinein.
Weil was Ostern bedeutet, das weiß einer eh:
Das ist a verruckte Idee, a verruckte Idee, a verruckte Idee."

Ostern – a verruckte Idee!
Nestroy, der sich vor nichts so sehr fürchtete wie vor dem Lebendigbegrabenwerden!
Nicht einmal die Ärzte – sagt er einmal –, die einen ja schließlich umbringen, wissen nachher sicher, ob man tot ist oder nicht.

Ostern als Torheit und Ärgernis.
Die ganze Weltordnung kommt durcheinander, wenn man sich nicht einmal mehr aufs Grab verlassen kann.

Und wie steht es mit der Vernunft?

Es gibt ein Fleckerl in mein'm Hirn, wohin noch nie eine Vernunft gekommen ist – meint Nestroy!

Ist das das Osterfleckerl?
Das Auferstehungszentrum im Gehirn?
Vor einigen Jahren wurde von amerikanischen Wissenschaftern

bewiesen, dass das Turiner Leichentuch echt ist. Und wenn amerikanische Wissenschafter etwas beweisen!
Damit wäre doch die Auferstehung wissenschaftlich bewiesen.
Ein Triumph für alle, die nur glauben, was sie sehen.
Und?
Glauben deswegen mehr daran?
Ist es eine tröstlichere Botschaft geworden?
Steht sie ab nun in den Physiklehrbüchern?
Nein.
Es bleibt dabei:
Ostern geht der Welt gegen den Strich.

Es ist a verruckte Idee.
Und es bringt nix, wenn man's erklären will.
Jemand, der nur glaubt, was er siecht,
ist immun gegen Ostern.
Es gibt auch eine Vernünftigkeit,
die immun ist gegen Ostern.
Sie geht gerne Hand in Hand
mit bürgerlichem Wohlverhalten,
mit Sparsamkeit,
mit lang voraus gebuchtem Urlaub
und einer durch und durch gesunden Lebensweise.

Es sind und bleiben halt nur wenige, die sich ihren Aberglauben durch die Auferstehung rauben lassen!

Pastor criticus Helveticus:

„Nachher is ma immer g'scheiter."

Die vierte Weisheit lautet: „Nachher is ma immer g'scheiter." Dazu lese ich Lukas 24/13–32, das ist die Ihnen allen gut bekannte Emmausgeschichte, ein Stückerl davon: Und siehe, am selben Tag waren zwei von ihnen unterwegs zu einem Dorf namens Emmaus, das sechzig Stadien von Jerusalem entfernt ist. Und sie redeten miteinander über all das, was vorgefallen war. Und es geschah, während sie miteinander redeten und sich besprachen, dass Jesus selbst dazu kam und mit ihnen ging. Doch ihre Augen waren gehalten, so dass sie ihn nicht erkannten. Er aber sprach zu ihnen: Was sind denn das für Worte, die Ihr da unterwegs miteinander wechselt? Da blieben sie mit finsterer Miene stehen. Der eine aber, mit Namen Kleopas, antwortete ihm: Du bist wohl der anzige, der sich in Jerusalem aufhalt und nix waß, was da passiert ist?

Dieses Couplet singt Herr Lips im *Zerrissenen*:

„Man red't mit an Mann, obwohl keiner ihn kennt,
der geht auch nach Emmaus, was man Ostermarsch nennt.
Sein Benehmen ist fein, er waß all's rundumadum:
Wieso der den Jesus kennt, man gabat was drum.
Doch halt, der spielt „gewöhnlicher Mensch" ohne Gsäus,
der kennt alle Propheten, doch das ist kein Beweis.
Er setzt sich zum Tisch, bricht a Brot, trinkt an Wein,
könnt's doch der HERR sein?
A Schluckerl, a Wörterl, dann verschwindet er wie nur –
sich so zu verstell'n, also, da g'hört was dazu;
sich so zu verstell'n, also da g'hört wirklich was dazu."

Nachher is ma immer g'scheiter! Das klingt wie ein Satz aus dem Stammbuch eines erfolgreichen Opportunisten. Aber Kleopas und sein Freund auf dem Weg nach Emmaus: Sie waren weder erfolgreich, noch waren sie Opportunisten. Sie waren nur traurig und frustriert und ein bisserl verärgert über ihren Gesprächspartner. Der so völlig daneben war und keine Ahnung von irgendwas gehabt hat. Und so erzählen sie: Sie haben gehofft, dass der Prophet Jesus von Nazareth Israel erlösen würde. Und jetzt is er scho drei Tag' tot und was ist, nix. Für Kleopas und Co ist jetzt „nachher". Wo ma g'scheiter is, sie sind jetzt desillusioniert, aber sicher. Ja, aber nicht ganz, denn auch die Desillusionierten haben ihre Zweifel.

Einige Frauen haben sie nämlich erschreckt, mit so G'schichten vom leeren Grab und Engelserscheinungen und so. „Aber Gott sei Dank", so sagt Kleopas, „waren die Unsrigen dort und haben alles überprüft.“ Und der Prüfungsbericht: Alles stimmt, wie es die Frauen erzählt haben, nur ihn haben die Unsrigen nicht g'sehn. Den Seinen gibt's der Herr im Schlaf und den Unsrigen nimmt er's, wann s' aufwachen. Was soll da ein anständiger, frommer Opportunist machen? Und des Blöde ist, ein Opportunist hat immer ein paar verruckte Schwärmer und a paar unsrige Besserwisser in seinem Bekanntenkreis, die ihm auf die Nerven geh'n. Und das ist das Fatale. Denn niemand ist so auf exakte Tatsachen angewiesen wie ein Opportunist. Denn nur dann kann er sich endlich entscheiden. Oder wie der Lateiner sagt: Quidquid agis, prudenter agas, et respice finem.

Nur wie's ausgegangen ist, ist wichtig. Nur wie's ausgegangen is, des is des Entscheidende. Und wenn es positiv ausgegangen ist, und wenn es einen klaren Trend gibt, dass immer mehr Menschen diesen Ausgang für positiv halten, dann wird der Opportunist vereinsrechtlich fiktiv: Und sagt öffentlich und überzeugt: I war scho immer dabei und vor allem, i war scho immer dafür. Man hat's net bemerkt, aber das is ja net meine Schuld, das liegt vielleicht an den schlechten Sinnesorganen der anderen, aber i war scho immer dabei und immer dafür. Sein Risiko ist intellektuell posthum. Er wartet geduldig, bis er sich seine Vergangenheit leisten kann. Das ist ganz wichtig.

Sehen Sie, und genauso sind auch die meisten von uns erzogen worden. Also wir haben ja viel Verständnis für diese Haltung. Emmaus könnte allerdings der Punkt sein, wo Risikofreudige und Opportunisten zusammentreffen und so was wie Ostern feiern. Könnte Emmaus ein Wendepunkt für die Theologie sein? Könnte mir Emmaus meinen Aberglaub'n raub'n? Oder wollen Sie wirklich, dass der Auferstandene einem jeden extra erscheinen soll? An jeden extra, nur damit er glaubt, von Stammersdorf bis Petersdorf? An jeden extra? Ja bitte, nachher ist ma immer g'scheiter! Bleibt nur die Frage: Wann ist eigentlich für Unsereins nachher?

Die Schauspieler ziehen ihre Kostüme aus – sie beten für alle, die im Leben ein Rolle spielen: auch für die unsterblichen Rollen, die Nestroy geschaffen hat.

Rollengebet

Lasst uns beten, für alle Rollen, die wir einnehmen,
für alle Möglichkeiten in uns.

Ostern für Nestroys Figuren,
das Pandämonium der Niedertracht und der Humanität,

Ostern für den Lehrer Wampl und seinen schlimmen – armen
– Schüler Willibald.
Ein Ende der Belehrungen und der Besserwisserei.

Ostern für Leim, Zwirn und Knierim,
alle, die arbeiten,
und die keine Arbeit haben,
die nicht zu Hause sitzenbleiben können,
Globalisierungs- und Modernisierungsverlierer.
Ostern für die, die mit dem großen Krach spekulieren,
dem Ende.

Ostern für den Häuptling Abendwind
und seine verliebte Tochter Atala.
Wahrheit und Achtung für die anderen!
Die wir in unsere Bilder pressen,
in unsere Vorurteile und Ressentiments.

Ostern für Titus Feuerfuchs, der keine Chance hat,
für Flora Baumscher, die vom Glück und vom Heim träumt,
für den Gärtnergehilfen Plutzerkern,
der es sich so gut g'richtet hat,
für Salome Pockerl,
die realistisch genug ist,
um das Unmögliche zu wollen und zu erhalten.

Ostern für den Umstürzler Eberhard Ultra
und alle, die davon träumen,

die Gesellschaft umzudrehen,
die Welt auf den Kopf zu stellen.
Ostern auch für Herrn Reatzkerl Edler von Zopfen
und alle Reaktionäre,
die von ewigen Werten reden,
und vor allem für Hyginus Heugeign,
den opportunistischen Schneider,
der auf jeder Supp'n obenauf schwimmt.

Ostern für sie alle,
Ostern für uns.

Das kleine Trotterl

Ich lass' mir meinen Christenglauben
durch jeden Aberglauben rauben.
Und glaubst, dir kann das nicht passieren,
dein Hirn, das wird sich nicht genieren.

Ein Türke

rennt verschreckt durch die finstre Osternacht.

Ich Türkischmann, ich guter Mensch.
Ich gehabt wenig Schule in Anatolien.
Aber ich viel gelernt von Österreichisch
Fernsehen, FS1, FS2.
Ich keine Schreiben, aber lesen Kronen Zeitung.
Ich sein guter Mensch.
Nicht von Kopf, aba von mein Herz.
Ich lieben alle Menschen, ich „Kulti-Multi" ...
Ich Moslem, aba nix Macho wie Papa.
Österreich Christen, ich keine Verstehen.
Aba ich mit Christen haben schöne Fest: O-Stern.
Gutes Fest, alles schmeckt, mit alle
Familie.
Essen Hasen, echte und mit Tschokolat,
Hendl, Schinken, und Kinder essen Süßigkeiten.

In Osternacht meine Familie viel essen,
dann alle schlecht.

Eine abergläubische Hexe

Ich lass' mir meinen Aberglaub'n
durch ka Auferstehung rauben.
Außerdem: Zu was brauch i a Auferstehung
I bin schön, i bin unsterblich, i kann zaubern,
mir geht's guat, i bin zufrieden.
Ich wüsst' nicht, was mir a Auferstehung geben könnt.

Eine aufgeklärte Hexe

Der Mephisto hat zu mir g'sagt,
ich soll einmal darüber nachdenken,
ob eine aufgeklärte Hex' überhaupt noch a Hex' is.
Aber mein Problem is noch größer.
Als aufgeklärtes Wesen frag ich mich nämlich, ob es überhaupt Hexen gibt.
Erkenntnistheoretisch zerrinn ich mir sozusagen zwischen den Fingern. Da könnt's dann schon sein, dass die Auferstehung meine einzige Rettung sein wird.

Nestroy
verklärt

Zum preußischen König kam einst eine Beschwerde. Ein evangelischer Pfarrer wurde angezeigt, weil er nicht an seine Auferstehung glauben würde. Darauf der König zum Beschwerde führenden Oberkonsistorialrat: „Dann soll er liegen bleiben".
Auch das ist Toleranz.
Und die Toleranz bewahrt auch den Unglauben. Den Wienerinnen und Wienern mögen noch so viele Auferstandene erscheinen:

Sie lassen sich ihr'n Aberglaub'n
durch ka Auferstehung rauben.

Es wird finster.

Godot

Warten, warten, warten –
Und wissen, dass der Erwartete nicht kommt.
Und trotzdem weiter warten.
Godot zu sein, ist meine Berufung,
lange bevor die Kirchen
den Advent erfunden haben.
Da spielen sie dann Warten,
bis das Christkind kommt.
In Wirklichkeit kommt es gar nicht.
Aber die Eltern spielen es den Kindern vor,
damit sie nicht frustriert werden.
Eigentlich könnten die Kinder ja lernen,
dass das ganze Leben ein einziges Warten ist.
Wer wagt es schon,
den Kindern die Wahrheit zu sagen.
Einst haben die Christen darauf gewartet,
dass Jesus wiederkommt;
aber allmählich haben sie es aufgegeben.
Nur im Glaubensbekenntnis feiert die alte
Erwartung noch „fröhliche Urständ".
Wäre nicht „Warten auf Godot" ein Fest, das
den Gläubigen gut täte?
Würde Godot nicht gut ins Glaubensbekenntnis passen?
Habt ihr schon begriffen, was es bedeutet,
dass Godot in dieser Osternacht erschienen ist?

Musik aus der Biedermeierzeit – allmählich anschwellend.

Das wirkliche Leben oder Satyrspiel für die Auferstehung

Apostelgeschichte 20/7–12 – Eutychus der Kirchenschläfer

Diese Geschichte schmeckt wie ein „Satyrspiel": Eutychus der Kirchenschläfer. Das Ganze ist in Troas geschehen. Man muss zu seinen Gunsten sagen: Der Abschiedsgottesdienst, den mein Kollege Paulus dort gehalten hat, war ein „Endlosgottesdienst" und hat bis zum Morgengrauen gedauert. Und Paulus redet und redet und redet bis Mitternacht und bis Eutychus von der „Empore" herunterfällt. Aber kaum ist Eutychus von den Toten auferweckt – erstaunlich, wozu Kollegen imstande sind –, feiert Paulus gleich ein Abendmahl und redet und redet bis zum Frühstück.

Was ist da eigentlich in diesem Mitternachtsgottesdienst passiert? Eutychus heißt auf Deutsch „der Glückspilz". Da ist mir gleich die *Tante Jolesch* (von Friedrich Torberg) eingefallen: „Gott soll einen behüten vor allem, was noch ein Glück is." Aber immerhin, er hat Glück gehabt. Er hat einen „Marathongottesdienst" besucht, es wird extra erwähnt: Viele Lampen haben gebrannt, die Luft war schlecht, und er sitzt auf einer Fensterbank im dritten Stock. Er fällt herunter. Riesenwirbel, Skandal – „Tödlicher Unfall bei Sektiererzusammenkunft"?

Auch diese Geschichte reizt einen weiter zu erzählen. Was ist nachher geschehen? Für Paulus eigentlich nichts Besonderes. Er hat den Toten einfach aufgeweckt – wie man das eben so macht, wenn man ein Apostel ist. Und dann predigt er weiter, stundenlang, und wahrscheinlich genauso langweilig wie vorher. Kollege Paulus riskiert, dass ihm der Nächste von der Empore fällt. Gehört also von da an zu jeder faden Predigt ein „Totenauferwecker", der in der Kirche „so für alle Fälle" Dienst tut wie der Küster? Und die Predigthörer, also die späteren Gemeindeglieder, waren um eine Anekdote reicher: „Der Jüngling von

Troas“. Das erzählen die Fremdenführer heute noch. Und die Gemeindeglieder haben sich abgefunden: Die Predigt ist eben meistens langweilig – und das erleichtert auch das Nachwuchsproblem, denn man findet viel leichter einen langweiligen Prediger oder eine fade Predigerin. O Pragmatismus – es gibt sogar eine „Rheingräfliche Ordnung für den Kirchenschlaf“. Da haben die Kirchenrechtler geregelt, was ist, wenn einer einschläft: „… dann sollen ihn die Nachbarn in die Rippen schlagen. Und dann soll er aufstehn und den Rest der Predigt stehend hören.“ In kirchlichen Kreisen kann man eben alles regeln und „integrieren“.
Und der kleine Eutychus, der *Konfirmand, der von der Empore fiel.* Der hat den Schreck seines Lebens davongetragen. Und er ist lange nicht mehr in einen Gottesdienst gegangen. Und wenn, dann hat er sich immer einen ganz sicheren, ebenerdigen Platz ausgesucht: „Stresst's mich ja, wenn ich einschlafen sollte!“ Die Kirche war für Eutychus ein Leben lang eine furchterregende Mischung aus Langeweile und Angst.
Übrigens – zuerst hat er ja gar nicht geglaubt, dass er wirklich tot gewesen ist; obwohl ihm das seine Eltern bis zum Überdruss immer wieder gesagt haben. Aber bevor er das so richtig begreifen konnte, hatte er es schon längst verdrängt und vergessen. Nur, wenn jemand in seiner Gegenwart das Wort „Gottesdienst“ oder „Predigt“ in den Mund nahm, da hat er eine ihm selbst unerklärliche Unruhe in sich verspürt und ein merkwürdiges Zittern.
„Christ“ ist er keiner geworden. Mit der „Auferstehung“ hat er nie etwas anfangen können. Darüber hat er sich höchstens spöttisch geäußert: „Es is no kaner z'ruckkommen von den Toten!“ Und Eutychus musste es ja schließlich wissen!
Wenn jetzt ein kritischer Zuhörer fragt: Wozu hat denn Paulus eigentlich den kleinen Eutychus von den Toten auferweckt? Wem hat das was gebracht? Dann sage ich: Lasst mir nur den Eutychus in Ruh'. Eutychus ist ja auch nicht schlechter als die heutigen Wunder-Konsumenten; und die, „die dem Tod von

der Schaufel gesprungen sind“; diese „Zeichen-für-den-Glauben-Verdränger“. Was für ein theologischer Magen, der alle Wunder verdaut und sie hinterher leugnet.

Unser Osterglaube aber lebt aus der Sehnsucht, bewusst all die „kleinen Auferstehungen“ erleben und wahrnehmen zu lernen; sie nicht zu verdrängen, sondern sie anzunehmen. Denn durch diese vielen kleinen Auferstehungen wird unsereins empfänglich und reif für die große, herrliche Auferstehung am Ende aller Tage.